WALTRAUD HERBSTRITH
TERESA VON AVILA

Waltraud Herbstrith

Teresa
von Avila

Lebensweg und Botschaft

VERLAG NEUE STADT
MÜNCHEN · ZÜRICH · WIEN

Ein Buch aus der Reihe
Große Gestalten des Glaubens

Die Deutsche Bibliothek – CIP-Einheitsaufnahme

Herbstrith, Waltraud:

Teresa von Avila : Lebensweg und Botschaft /
Waltraud Herbstrith.
– 2. Aufl. – München ; Zürich ; Wien :
Verl. Neue Stadt, 1996
(Grosse Gestalten des Glaubens)
ISBN 3-87996-295-2

2. Auflage 1996
© Alle Rechte bei Verlag Neue Stadt, München
Umschlagabbildung: Detail eines Freskos (17. Jh.)
im Kloster von Pastrana
Satz: Neue-Stadt-Graphik
Druck: MZ-Verlagsdruckerei GmbH, Memmingen
ISBN 3-87996-295-2

Einführung

Die spanische Kirchenlehrerin Teresa von Avila ist eine der bedeutendsten Frauen der Kirchengeschichte. Sie war nicht nur menschlich sympathisch, sie war auch begabt mit einer spirituell-theologischen Kraft, die es ihr möglich machte, fast unaussagbare Vorgänge − wie das Gespräch mit Gott − in klassischem Spanisch niederzuschreiben. Da sie als Frau des 16. Jahrhunderts keine Universität besuchen durfte, lernte sie unaufhörlich durch Lektüre geistlicher Meister aus der frühen und späteren Zeit der Kirche. Sie war befreundet mit den bedeutendsten Theologen und Wissenschaftlern ihrer Zeit, die berichten, daß sie von Teresa viel gelernt haben.

Teresa lebte auch ganz selbstverständlich ein neues Frauenbild. Sie kritisierte das rein von männlicher Leitung getragene Staats- und Kirchenwesen und machte den Frauen ihrer Zeit Mut, ihr Leben vor Gott selbst in die Hand zu nehmen.

Wir erleben heute eine Meditationsbewegung, die den Menschen durch schweigendes Beten oder Versenkung mit seiner Tiefe verbinden will; Teresa hat mit ihrem Mitarbeiter Johannes vom Kreuz damals eine Gebetsbewegung eingeleitet, die der verkopften Theologie der Spätscholastik neues Leben einhauchen wollte. Heutige Meditationsleiterinnen und -leiter erkennen in Teresa und Johannes unverzichtbare Wegbegleiter auf dem geistlichen Weg und hoffen, daß ihr mystisches Werk noch weiter erschlossen wird.

Als Papst Paul VI. am 27. September 1970 Teresa als erste Frau zur Kirchenlehrerin ernannte, hat er der Entwicklung in der Kirche hinsichtlich eines neuen Frauenbildes Rechnung getragen. Als Voraussetzung für die Zuerkennung der Kirchenlehrerwürde verlangt die Kirche Rechtgläubigkeit der

Lehre, Heiligkeit des Lebens und hohe wissenschaftliche Leistung. Sicher gab es auch vor und nach Teresa Frauen in der Kirche, die diese Voraussetzungen erfüllten. Aber Frauen wurde bis dahin diese Auszeichnung nicht verliehen.

Der Konzilspapst Johannes XXIII. sagte in seiner Enzyklika „Pacem in terris" vom 11. April 1963, zu den Zeichen der Zeit gehöre es, daß die Frau am öffentlichen Leben teilnimmt und sich ihrer Menschenwürde immer stärker bewußt wird. Das hat Auswirkungen auf den Rechtsstatus der Frau. Männer und Frauen haben gleiche Rechte und Pflichten. Zum 2. Vatikanischen Konzil waren zum ersten Mal Frauen als Beobachterinnen eingeladen. Die evangelischen Schwesterkirchen begannen seit 1965 langsam, Frauen zum kirchlichen Amt zuzulassen. Schon 1590 lesen wir in den Erinnerungen eines der engsten Mitarbeiter Teresas, P. Jerónimo Gracián, daß Teresa in ihrem „glühenden Seeleneifer ... sehnsüchtig nach der Freiheit, den Fähigkeiten und den Ämtern verlangte, die die Patres haben, um Seelen für Gott zu gewinnen".[1]

In diesem Buch soll gefragt werden: Wie kann Teresa von Avila dem heutigen Menschen helfen, sich besser zu verstehen, Sinn und Ziel seines Lebens zu erkennen? Und vor allem: Wie kann er von Teresa lernen, ein betender und liebender Mensch zu werden?

Teresa hat nicht nur theoretisch über Spiritualität oder geistliches Leben geschrieben. Ehe sie schrieb, hat sie versucht, aus dem Glauben an Gott zu leben und Erfahrungen mit ihm zu sammeln. Diese Erfahrungen drängten sie dazu, das Kloster der Menschwerdung in Avila, in dem sie zwanzig Jahre lang gelebt hatte, zu verlassen und 1562 ein kleines Reformkloster nach der ursprünglichen Regel der Karmeliten (aus dem 13. Jahrhundert) zu gründen.

Ihre Absicht war, ein Milieu zu schaffen, in dem Gott besser gesucht und gefunden werden könnte. Dieses Milieu bedeutete für sie: Armut, weil Christus als Armer gelebt hatte;

Schweigen und Stille zur Ermöglichung von Meditation, damit die Nähe Gottes bewußter erfahren würde; herzliche, schwesterliche Gemeinschaft, die sich aus der Liebe und Freude der Gotteserfahrung zum Dienst und, wenn es sein muß, zum Tragen des Kreuzes bereithält. Dies ist der sehr nüchterne Lebensraum, in dem Teresa lebte und den sie anderen als Hilfe zur Begegnung mit Gott anbot.

Hatte Teresa zunächst vor, einfach um der Suche nach Gott willen einige wenige um sich zu versammeln, so erkannte sie bald, besonders im Blick auf die Stürme der Reformation und die vielen Ungetauften in der Neuen Welt, daß allem Tun in der Kirche, vornehmlich aber dem Gebet, eine missionarische Kraft innewohnt.

Durch ihre Gründungsreisen, ihre Verhandlungen mit Bischöfen, Priestern und Laien und durch ihren regen Briefverkehr führte Teresa ein nach außen hin sehr tätiges Leben. Indem sie für ihre immer mehr anwachsende Schwesternschar Zentren des Gebets und der Meditation errichtete, verbrachte sie die letzten Jahre ihres Lebens mehr auf den staubigen Landstraßen Spaniens, im Ochsenkarren, in vornehmen oder sehr schlechten Unterkünften und im Kontakt mit vielen Menschen als in der Stille ihrer Klöster. Dieser doppelte Aspekt ihres Lebens, die Suche nach Kontemplation, nach dem „Gottschauen", und das Überladensein mit „irdischen" Geschäften, mit Kaufverträgen, Häuserbauen, Verhandlungen u. ä., macht Teresa dem heutigen Menschen so sympathisch. Sie selbst wußte, daß der eine Weg, den Gott ihr zur Gründung ihrer kontemplativen Ordensgemeinschaften gezeigt hatte, nur für eine kleine Gruppe von Menschen bestimmt ist, die wie ein Sauerteig den Leib der Kirche durchsäuern sollen, und daß die Menschen im allgemeinen ihr Gottsuchen und Gottfinden auf den „Landstraßen" des Lebens bewältigen müssen.

Teresas Leben zeigt, daß beide Wege einander nicht ausschließen, sondern einander bedürfen. Aufgabe des einzelnen ist es, auf den Ruf, der an ihn ergeht, zu achten und die Berufung, die an andere ergeht, weder über- noch unterzubewerten.

Im Aktivismus unserer materialistischen Zivilisation spüren wir heute stärker denn je, daß wir unser Menschsein verlieren, ja einer Weltkatastrophe zusteuern, wenn wir uns nicht darauf besinnen, wer wir eigentlich sind, welche unveräußerlichen Bedürfnisse unsere menschliche Natur hat. Sind wir noch fähig, Ruhe und Frieden zu empfangen und weiterzugeben, nicht von der Oberfläche eines von der Technik gehetzten Daseins her Entscheidungen zu treffen, sondern aus der Tiefe eines seiner selbst bewußten, gesammelten Lebenswillens? Was nützen Einsichten wie die, daß die Menschheit näher zusammenwächst, daß wir einander in der Pluralität unserer Rassen, Anschauungen, Traditionen und Zukunftshoffnungen respektieren und den gemeinsamen Weltfrieden erarbeiten müssen, wenn wir nichts tun, um selbst friedvolle, verständnisvolle, verhandlungsfähige Partner zu werden?

„Es ist klar", schreibt Teresa, „daß niemand geben kann, was er nicht hat; er muß es zuerst selbst besitzen."[2]

In schweren inneren Kämpfen, in denen sie um ihre Berufung und die Erkenntnis des Auftrags Gottes rang, wußte sich Teresa gesandt, einer Gruppe von fragenden Menschen einen Weg zur Stille, zum Gespräch mit Gott zu weisen. Sie ahnte nicht, daß sie durch ihre Schriften, die sie nur für ihre Schwestern verfaßte, für die ganze Kirche Anregungen geben sollte, wie nicht nur Ordensleute, sondern auch Laien einen Weg finden können, mitten in der Welt in und mit Christus zu leben. Teresas Vorgesetzte und Freunde erkannten, daß sie neben der geistlichen und organisatorischen Begabung, mit der sie einen neuen Orden gründete, auch noch die Fähigkeit besaß, ihre Erfahrungen mit Gott lebendig und anschaulich niederzuschreiben. Bei ihren vielen Verpflichtungen tat sie dies oft in großer Müdigkeit und mit Widerwillen, manchmal auch mit Freude, so, wenn sie die Episoden erzählt, die sich bei ihren Klosterstiftungen zutrugen. Ihr Stil ist liebenswürdig, ursprünglich, anfeuernd und von großer Ehrlichkeit. Was sie sagt, überzeugt, auch wenn manche ihrer Worte für den heutigen Leser zeitgebunden wirken.

Teresa ist ganz Mensch des 16. Jahrhunderts, voller Vitalität und Unternehmungslust, aber auch voller Ängste und Heilsunsicherheit. Sie ist der Typ einer selbständigen, geistreichen, energischen Frau, wenn sie auch von der Überzeugung ihrer Zeit beeinflußt ist, die Frau tauge zu nichts, sei ängstlich und ein armes Wesen. Über solche Gegensätze muß der heutige Leser lächeln. Sie halten ihn jedoch nicht ab, trotz dieser geschichtlich bedingten Schatten und Grenzen, die jedes Menschenleben aufweist, das wahre und immer wirksame Glaubenszeugnis Teresas voll und ganz zu würdigen.

Teresa zeigt, daß es nicht einfach ist, mit Gott umzugehen, daß es nicht leicht ist, sich selbst „in den Griff" zu bekommen, ein reifer, verantwortlicher, liebender Mensch zu werden. Sie schreibt nicht für die Trägen und Satten, für die, die gerne weiterschlafen und nur die eine Angst haben: aufzuwachen und der Wahrheit ins Auge sehen zu müssen. Teresa war ein unaufhörlich tätiger, verantwortungsbewußter Mensch. Sie sah ihr Leben als eine einmalige Chance an, die es auszuschöpfen galt. Ihre Liebe und ihr Tatendrang führten sie dazu, diese Chance auch anderen bewußt zu machen. Sie lebte und schrieb für die Hungernden, denen der formalistische, gesellschaftsgebundene Kirchenbetrieb ihrer Zeit nicht genügte und die nach gesunder, lebenskräftiger Kost Ausschau hielten.

Und wie ist die Situation heute? Lauheit und Sattheit in veräußerlichten Kirchenstrukturen gab es zu allen Zeiten. Im Gegensatz zum weitgehend unangefochtenen Glaubensbewußtsein vergangener Jahrhunderte stehen wir heute jedoch nicht nur dem militanten, sondern auch dem unauffälligen, alle Lebensbereiche durchdringenden Atheismus gegenüber.

Ja, wir können nicht einmal sagen: gegenüber, da die Auseinandersetzung in uns selbst stattfindet und wir täglich unseren Glauben an seiner Herausforderung erproben müssen. Dies ist kein Nachteil für unser Leben mit Christus. Da der Glaube angefochtener ist, wird unsere Entscheidung für Gott bewußter, personaler, durchdachter. Der moderne Mensch wird daher, um glauben zu können, etwas *erfahren* müssen, das heißt, er wird den Weg der Mystiker beschreiten (Karl Rahner).

Was aber ist Mystik? In den letzten Jahren hat dieses Wort eine Aufwertung erfahren. Der Rationalismus unserer technischen Kultur führte auch zu einer Rationalisierung im Bereich des Religiösen. Das Wort Mystik war lange Zeit suspekt. Ein Mystiker galt als irrational, als hoffnungslos an der Wirklichkeit der Welt vorbeigehend. Er war ein Außenseiter, den man mitleidig belächelte, ein Mensch, der mit Gefühl eine verlorene Sache vertrat. Diese Auffassung hat sich gewandelt. Die Neuauflagen der schriftlichen Zeugnisse der Mystiker aller Zeiten, die Suche nach einer Spiritualität, nach geistlicher Weisung, das Gespür dafür, daß die Mystiker eine Sache vertreten, die die Theologie allein nicht hat bringen können, schaffen eine ganz neue Situation. Man erkennt immer stärker, daß der Glaube mehr durch das Zeugnis des eigenen Lebens überzeugt als durch systematische Begrifflichkeit. Nicht Gedankenkonstruktionen, sondern gelebte, existentiell vollzogene Wirklichkeit ist gefragt.

„Der heutige Mensch", schreibt Edward Schillebeeckx, „vor allem der junge, scheint, trotz seiner Hochachtung vor Wissenschaft, Technik und Weltbeherrschung, nicht seinen Glauben auf diese neuen manipulierbaren Werte zu setzen ..., er sieht diese Werte nicht als Kräfte, die fähig wären, die letzte existentielle und soziale Problematik der Menschheit zu lösen. Der junge Mensch von heute sucht nach Lebensformen, in denen von neuem das ‚Ungeschuldete', ‚Grundlose' seinen Platz hat ... Gegenüber dem Begriff Funktion, der ohne Zweifel auf eine Realität Antwort gibt, lebt im Augenblick ein nicht weniger realer Begriff auf: nämlich Sinn, Ereignis, Ungeschuldetheit, Gnade."[3]

Das Wort Mystik kommt vom griechischen *myein*, das heißt Augen oder Lippen schließen. Mystik ist die innerliche Erfahrung des Menschen mit dem ihn umfassenden Göttlichen, mit dem persönlichen Gott. In allen Religionen finden sich mystische Phänomene. Mittelpunkt der christlichen Mystik ist Christus selbst. „Augen und Lippen schließen" bedeutet, daß der Mensch Distanz zu seinen täglichen Verrichtungen sucht, daß er nicht nur an der Oberfläche der sichtbaren und oft recht lauten Welt leben kann, sondern eines Weges nach innen bedarf, der durch das Abschalten äußerer Einflüsse gekennzeichnet ist.

Oft spottet man über die in Kirche und Klöstern geübte Aszese. Sie hatte vielleicht manchmal zu einseitige Züge. Aber jede aszetische Übung ist zunächst einseitig, weil sie immer nur ein Weg sein kann, die Hilfe des Körpers in Anspruch zu nehmen, um geistige Kräfte freizulegen. Teresa übernahm mit größter Selbstverständlichkeit traditionell bewährte Formen der Aszese, und der Lebensstil in ihren Klöstern beabsichtigte nichts anderes, als den Körper zu einem Instrument geistiger und geistlicher Erfahrung zu machen. Nachdem man heute diese Übungen weithin vergessen hat oder sie wegen ihrer Zugehörigkeit zum monastischen Vokabular abschätzig ablehnt, muß man sich anstrengen, über andere Wege — wie autogenes Training, Zen-Methoden, Yoga-Übungen — zu aszetischen Formen der Einübung zurückzukehren.

Alle Einübung dient dem einen Ziel: jene Freiheit des Geistes und jenen Frieden zu erlangen, die die Welt nicht zu geben vermag. So kann Teresa zu ihren Schwestern sagen: „Nur das heißt wirklich Leben, wenn man weder den Tod noch irgendein Ereignis dieses Lebens fürchtet und immer in der Freude verharrt, die ihr jetzt alle in euch tragt. Denn das ist wahres Glück, daß man die Armut nicht scheut, sondern sie sogar herbeisehnt. Mit was könnte man den inneren und äußeren Frieden vergleichen, in dem ihr immer wandelt?"[4]

Wir haben im Abendland oft zu sehr zwischen natürlich und übernatürlich, zwischen „eingegossener" und „bloß erworbener" Mystik unterschieden. Teresa will keine Unterscheidungen verwischen, aber sie macht aus den Gnaden Gottes und dem Mittun des Menschen kein Begriffssystem. Sehr nüchtern belehrt sie uns in ihren Schriften, daß wir den Frieden Christi, der unsere Existenz allein verwandeln kann, nur erfahren, wenn wir uns mit allen Kräften anstrengen, Körper und Geist nicht auseinanderzureißen, sondern beide in eine Verfassung zu bringen, die es ermöglicht, daß Gott aus uns den einmaligen, von ihm erfüllten Menschen machen kann, den er von Ewigkeit her gewollt hat.

Teresas Lebensweg

Es ist die Zeit gekommen, in der sich die Berufung der Frau in vollem Umfang verwirklicht. Die vom Geist des Evangeliums erfüllten Frauen können der Menschheit helfen, nicht unmenschlich zu sein.

Papst Paul VI.

Teresa von Avila lebte zu Beginn der Neuzeit, in der sich der Mensch von den Vorstellungen des Spätmittelalters löste und zu einem neuen Selbstbewußtsein erwachte. Ein von mythischen Elementen durchsetztes Weltbild wich langsam dem Weltentwurf des Forschers und Naturwissenschaftlers. Die uns heute so vertrauten Begriffe Analyse, Experiment, Erfahrung gewannen immer stärkere Bedeutung. „Welt" ist hier nicht nur die exakte Naturgesetzlichkeit des Kosmos, „Welt" ist auch das Ich des Menschen, die Erforschung seiner inneren Polarität, seiner psychisch-physischen Befindlichkeit. Wir begegnen dem Bewußtsein einer neuen Freiheit, dem Gespür für die Größe und Tiefe des Menschseins, ohne die Teresas Lebenswerk nicht zu denken ist. So verschieden das 16. Jahrhundert von unserem sein mag, in vielem weist es doch ähnliche Züge auf. Es war eine Zeit der Umwälzung und Entdeckungen. Amerika beschäftigte die Menschen damals wie heute die Eroberung des Weltraums. In der Kirche fand das neue Weltbild seinen Niederschlag in den Erschütterungen der Reformation. Das Konzil von Trient (1545-1563) suchte sich mit der neuen Lage auseinanderzusetzen und beseitigte viele Übelstände und Überlagerungen der Botschaft Christi.

In ihrer Autobiographie (Vida) gibt uns Teresa einen lebendigen Einblick in ihre Entwicklung. Sie wurde am 28. März 1515 in Avila geboren und wuchs in einer kinderreichen Familie heran. Ihr Vater, Don Alonso de Cepeda, stammte aus einer Handelsfamilie in Toledo und war jüdischer Herkunft. Sein Vater war 1485 zum Christentum konvertiert und hatte sich in Avila niedergelassen. Die Mutter Teresas, Beatriz de Ahumada, kam aus dem Stadtadel Avilas. Zu den zwei Kindern, die Teresas Vater aus erster Ehe mitbrachte, kamen neun aus der Ehe mit Doña Beatriz hinzu. Teresa war von diesen die Zweitälteste. Don Alonso war dafür bekannt, daß er, im Gegensatz zu seinen Mitbürgern, nicht zu bewegen war, Sklaven zu halten. Er war ein gütiger, ernster Mann und mit seiner zarten, immer kränkelnden Frau bemüht, seine Familie im Geiste des Evangeliums zu formen.

Freude an menschlicher Begegnung und Sehnsucht nach dem Absoluten kennzeichneten Teresas Veranlagung. Da es der Sechsjährigen nicht gelang, mit ihrem Lieblingsbruder Rodrigo bei den Mauren das Martyrium zu erleiden — ein Onkel brachte das Ausreißerpaar zu den Eltern zurück —, begann sie, Einsiedeleien zu bauen, Almosen zu geben und mit ihren Gefährtinnen Kloster zu spielen. Teresas Verlangen nach Einsamkeit, nach dem Tod, um möglichst rasch das Absolute, das Immer-bei-Gott-Sein zu erreichen, wurde nach dem Heimgang ihrer Mutter (1528) abgelöst vom Trieb, zu gefallen und Freundschaften zu schließen. Die Lektüre der Ritterromane bot ihrer Phantasie reichen Stoff, und ihr liebenswürdiges Wesen tat ein übriges, sie bald zum Mittelpunkt eines Freundeskreises zu machen.

Wie tief Teresas Erfahrungen mit Gott vor ihrem 14. Lebensjahr gewesen sein müssen, erkennt man an der harten Selbstkritik, mit der sie ihre Neigung zu harmlosen Tändeleien schildert, die sie hinter dem Rücken ihres Vaters betrieb. Rückblickend sieht sie mehr die Gefahren und Schattenseiten ihrer kindlichen Liebhabereien, während sich doch in ihrem fröhlichen Treiben mit Vettern und Basen auch ihre Fähigkeit

14

zu Hingabe und Einfühlung, zur Freude an den Dingen dieser Welt zeigt. Schon damals war sie die Gebende, bei der die andern Unterhaltung, Verständnis und menschliche Wärme suchten. Ihr ausgeprägtes Ehrgefühl hielt sie davon ab, etwas zu tun, was gegen Anstand und Sitte verstoßen hätte. „Ich war sehr auf meine Ehre bedacht. Dies gab mir Kraft, sie nicht ganz zu verlieren. Nichts auf der Welt hätte meine Meinung ändern können, auch nicht die Liebe zu einem Menschen."[5]

Teresas leidenschaftliche, zwischen Hingabe an die Welt und unerbittlicher Wahrheitssuche schwankende Natur fand zunächst ihr inneres Gleichgewicht im abgeschlossenen Leben der Zöglinge des Augustinerinnenklosters Santa María de Gracia zu Avila (1531). Sie schreibt darüber: „Ich fühlte eine Unruhe in mir, doch nach acht Tagen — oder etwas früher — war ich viel zufriedener als im Hause meines Vaters. Alle liebten mich, denn diese Gnade hat mir der Herr gegeben, daß ich Freude verbreitete, wohin ich kam, und so war ich sehr beliebt. Ich begann ... meine Gedanken wieder mit dem Verlangen nach dem Ewigen zu füllen und gab auch allmählich meine Feindschaft gegen den Ordensberuf auf, die bisher sehr groß gewesen war."[6]

Es ist bezeichnend für Teresa, daß dieses neue Verlangen nach Gott durch Kontakte mit Menschen erwachte. Der Einfluß einer Schwester regte sie an, dem Gebet mehr Zeit zu widmen. Sie überlegte, ob sie heiraten oder in einen Orden eintreten sollte. Obwohl zu ihrer Zeit Frauen keine karitativen oder seelsorglichen Berufe ergreifen konnten, hätte sie sich doch leicht dem Lehrorden der Augustinerinnen anschließen können, um als Erzieherin Dienst am Nächsten zu leisten. Dieser Gedanke kam ihr jedoch nicht. Die Siebzehnjährige wünschte vielmehr, Gott besser kennenzulernen, auf einen personalen Anruf zu antworten, der ihr vor allem Tun, vor allem äußeren Engagement in der Stille, im Stehen vor einem göttlichen Du zuteil wurde. Die Entdeckung, daß Gott dem Menschen in seiner Seele am intensivsten begegnet, wurde, zusammen mit der existentiellen Erfahrung der Vergänglichkeit alles Seienden, ein Grundgedanke ihrer Geistigkeit. Diese Erfahrung schloß für Teresa den Weg zum Mitmenschen nicht aus, sondern ein. Wir finden in ihrem Leben immer den gleichen Vorgang: Erfahrungen mit Gott werden durch falsche, ichbezogene Welthingabe verdrängt; Freundschaften mit gotterfüllten Menschen erinnern sie an dieses Erleben und regen sie an, in Einsamkeit und Kontemplation der Freundschaft mit Gott aufs neue innezuwerden.

Wegen schwerer Krankheit verließ Teresa das Kloster der Augustinerinnen im Jahre 1532. Auf einer Reise nach Hortigosa im Frühling 1533 traf sie mit ihrem Onkel Don Pedro Sánchez de Cepeda zusammen. Durch Gespräche und Bücher, die zwar nicht immer nach ihrem Geschmack waren, wuchs in ihr das Verlangen nach Wahrheit. Eifrig las sie die Briefe des hl. Hieronymus, die die Freude einer radikalen Gotteshingabe in der Wüste schildern. Sie erfaßte wieder die Wahrheit ihrer Kindheit: „... daß alles nichts und die Welt nur Eitelkeit sei und daß alles so rasch zu Ende gehe".[7]

Die Zwanzigjährige hatte einen heftigen Kampf zu bestehen. Unzufriedenheit mit ihrem bisherigen Leben sowie Angst vor Tod und Gericht trieben sie an, den Ordensstand zu wählen. Freude an Reichtum und einem abwechslungsreichen Leben in der Welt hielt sie von diesem Entschluß wieder ab. Obwohl Teresa äußert, es habe sie eher „knechtische Furcht" als Liebe zur engeren Nachfolge Christi geführt, überwand sie doch kraft ihrer Gotteserfahrung einen für ihre Zeit charakteristischen Heilsindividualismus. Als sie Furcht vor dem Ordensstand überfiel, half sie sich mit dem Gedanken an die Leiden Christi, und ihrer Schwachheit kam ihr starkes Ehrgefühl zu Hilfe: einen einmal ausgesprochenen Entschluß machte sie nicht mehr rückgängig.

Da sie die Einwilligung ihres Vaters zum Klostereintritt nicht erhielt, floh sie am 2. November 1535 aus dem Elternhaus und trat in das Kloster der Menschwerdung (Santa María de la Encarnación) vor den Mauern Avilas ein. „Wahrhaftig, als ich das Haus meines Vaters verließ, war es mir, als ginge es zum Sterben. Es schien mir, alle meine Knochen würden auseinandergerissen. Da meine Liebe zu Gott nicht stark genug war, die Liebe zu Vater und Verwandten hintanzusetzen, übte diese eine solche Macht auf mich aus, daß – ohne die Hilfe des Herrn – alle meine Überlegungen mich nicht vorwärtsgebracht hätten."[8]

Verursachte Teresa der Ordenseintritt große Qual, so war der darauffolgende Friede um so tiefer. Trotz aller körperlichen und seelischen Leiden, die Teresa während der folgenden zwanzig Ordensjahre erfahren sollte, schreibt sie: „Als ich das Ordenskleid genommen hatte, ließ mich der Herr verstehen, wie sehr er jenen hilft, die sich Gewalt antun, um ihm zu dienen. Niemand sah es mir an, welch starken Willen ich anwenden mußte ... Seit dieser Stunde empfand ich große Freude über meinen Stand, die mich bis heute niemals verlassen hat. Gott verwandelte die Trockenheit meiner Seele in größte Zärtlichkeit."[9]

Nach einem Jahr schon begann Teresas äußerer und innerer Kreuzweg. Sie wurde von schwerer Krankheit heimgesucht. 1538 mußte sie ihr Kloster vorübergehend verlassen. Auf der Reise zu einem Kuraufenthalt kehrte sie wieder bei ihrem Onkel Don Pedro ein. Dieser gab ihr ein Buch des Franziskaners Francisco de Osuna über das innere Gebet, das sie tief beeinflußte. Sie betrachtete Osuna als ihren Lehrmeister und richtete sich nach seinen Weisungen, da sie trotz vieler Begegnungen niemand fand, der ihr auf dem Weg zu Gott hätte behilflich sein können.

Die Kämpfe, die sie als Pensionärin bei den Augustinerinnen und unmittelbar vor ihrem Klostereintritt zu bestehen hatte, setzten sich nun auf eine intensivere Weise fort. Die weltzugewandte, kontaktfreudige Teresa hungerte nach der Erfahrung der Nähe Gottes, die ihr helfen würde, Welt und

Ewigkeit, Leben und Tod in einer sinnvollen Einheit zu erfassen. Schmerzlich berührte sie, daß die Freude an der Welt schal wurde ohne Gott. Ein nur Für-wahr-Halten der Existenz Gottes genügte ihr nicht. Dies kam für sie einem praktischen Atheismus gleich. Gott mußte für den Menschen derjenige sein, mit dem er leben und umgehen konnte, der ihm in allen Höhen und Tiefen seiner irdischen Existenz nahe war. Diese wachsende Einheit zwischen menschlicher und göttlicher Liebe war für Teresa nur möglich im Glauben an Jesus Christus, den menschgewordenen Sohn Gottes. „So gut ich konnte, bemühte ich mich, Jesus Christus in mir gegenwärtig zu haben. Auf diese Weise betete ich. Wenn ich an sein Leiden dachte, stellte ich es mir im Innern vor."[10]

Glauben war für sie nicht nur die Annahme eines göttlichen Wesens über der Welt und die Befolgung seiner Gebote. Glauben bedeutete für sie die Erfahrung des in die Menschheit eingetretenen Gottes. Sie stellte fest, daß sich Gottes *Gegenwart* im Kosmos und in der Seele des Menschen nicht automatisch bemerkbar mache. Vielmehr bedarf es nach ihrer Ansicht des „Aufwandes aller menschlichen Kräfte", um zu wissen, wer Gott ist und in welcher Beziehung Mensch und Gott sowie Mensch und Schöpfung zueinander stehen. Darum fordert sie angestrengte Betrachtung der Taten Gottes, Nachdenken über seine Spuren in der Schöpfung, Lesen und Belehrung durch die Wissenschaft, um alle Kräfte der menschlichen Seele für die Wahrnehmung der göttlichen Wirklichkeit empfänglich zu machen. Hat der Mensch von sich aus alles getan, so erkennt er, daß sein Streben nur Antwort war auf einen Anruf des göttlichen Partners, Vorbereitung für die Vereinigung mit dem göttlichen Du, die das menschliche Selbst zu seiner höchsten Reife führt. Dies nannte Teresa Mystik, Berufung zur Beschauung, Leben mit Gott, inneres Gebet.

Das Verlangen, Gott nahe zu kommen und etwas für ihn zu „tun", führte sie dazu, sich einerseits von Theologen und im geistlichen Leben erfahrenen Menschen beraten zu lassen und andererseits apostolisch auf ihre Mitmenschen einzuwirken. Bei einem Kuraufenthalt in Becedas beeinflußte sie einen in die Irre gegangenen Priester so positiv, daß er seine bisherige Lebensweise aufgab und seinen Dienst treu versah.

Die damalige ärztliche Kunst verhalf Teresa nicht zur Heilung, sondern verschlimmerte ihre Leiden. Heftige Herz- und Nervenschmerzen waren die Folge. Im Sommer 1539 schien ihr Ende gekommen zu sein. Drei Tage lag sie wie tot da. Weil ihr Vater sich nicht von ihr trennen konnte, blieb sie von einer Beerdigung bei lebendigem Leibe bewahrt. Nach dieser Krisis war sie drei Jahre gelähmt. Sie schreibt darüber: „Dies alles nahm ich mit großem Gleichmut hin und, vom Anfang abgesehen, in großer Freude. Im Vergleich zu den anfänglichen Schmerzen und Qualen erschien mir dies wie eine Kleinigkeit. Ich war ganz in den Willen Gottes ergeben, selbst wenn er mich immer so belassen hätte."[11]

Die Zeit der Krankheit gab Teresa Gelegenheit, mit den Menschen, die sie aufsuchten, von Gott und einem christlichen Leben zu sprechen. Alle waren erstaunt über ihre innere Freude und Geduld. Besonders mühte sie sich, in ihrer Umgebung eine Atmosphäre des Wohlwollens und gegenseitiger Liebe zu schaffen und ihre Besucherinnen von der üblen Gewohnheit zu befreien, Nachteiliges über andere zu reden. Diese apostolische „Aktivität" vom Krankenbett aus befriedigte sie jedoch nicht. Sie verlangte nach Gesundheit – aber nicht, um ihr apostolisches Tun fortzusetzen, sondern um sich dem „inneren Gebet in der Einsamkeit" besser widmen zu können. Das Gespräch mit Gott, das Osuna durch seine Ratschläge in ihr angeregt hatte, fesselte sie so sehr, daß sie Hilfsmittel wie Einsamkeit, Meditation, Kontemplation ergriff, um zu einer tieferen Liebe zu gelangen. „Es schien mir etwas Großes zu sein um die Gnade des Gebetes, die mir verliehen worden war. Sie ließ mich verstehen, was es heißt: zu lieben."[12]

19

Die Einsamkeit aufsuchen hieß für Teresa nicht, auf den Dienst am Nächsten und die Offenheit für seine Belange zu verzichten. Aber als Kontemplative räumte sie der personalen Begegnung mit Gott im Innern der Seele den ersten Platz ein. Damit nahm sie bewußt Anteil am Gespräch Christi mit dem Vater, aus dem er Kraft geschöpft hatte für seine Hingabe an die Menschen.

Im Jahr 1542 setzte in Teresas Gesundheitszustand unerwartet eine Besserung ein. Sie war jetzt 27 Jahre alt, galt als gute Ordensfrau, die ihre Verpflichtungen ernst nahm und durch schwere Krankheit gereift war. Aber die Gesundheit sollte ihr nicht zum Heile werden: „Ich begann, mich von einem Zeitvertreib in den anderen, von einer Eitelkeit in die andere und von einer Gelegenheit in die andere zu stürzen. Ich hatte mich in so viele Dinge eingelassen, und meine Seele war von so vielen Nichtigkeiten verdorben, daß ich mich schämte, Gott eine besondere Freundschaft, wie sie das Gebet ist, zu schenken. Da meine Sünden zunahmen, bewirkte dies, daß ich allen Geschmack und Freude an der Tugend verlor."[13]

Teresa spricht davon, 20 Jahre lang Gott untreu gewesen zu sein. Im Grunde handelte es sich um die Zeit von 1542 bis 1554. Sie hatte sich, ähnlich wie bei ihren Jugendfreundschaften, durch Kontakte und Gespräche verausgabt.

Wie stark ihre Gotteserfahrung war, die sie mit „lichter Erkenntnis", „Verlangen nach den ewigen Gütern" und „Begreifen der Liebe" umschreibt, geht aus dem Zwiespalt ihrer Seele hervor, deren tiefstem Anspruch sie nicht genügte. Teresas Kämpfe und Selbstanklagen sind ohne ihre Berufung zur Kontemplation nicht zu verstehen. Was sie als Sünde oder Treulosigkeit bezeichnet, wäre Übertreibung oder Sentimentalität, hätte sie nicht aus Erfahrung deutlich zu unterscheiden gewußt zwischen ihrer Berufung zur Kontemplation und ihrem davon abweichenden Verhalten.

Über diesen inneren Anruf gibt es keine Diskussion. Wirft

man mit Argumenten des 20. Jahrhunderts ein: Hätte Teresa erfaßt, daß sie mit Gott beim Dienst am Nächsten genauso vereinigt ist wie außerhalb dieses Dienstes, trifft man nicht den Kern der Fragestellung. Wie schon gesagt, schloß Teresas Berufung die Mitmenschlichkeit nicht aus, sondern ein. Ihre Berufung war vor allem theozentrisch, das heißt, sie erfuhr Gott als die Mitte ihrer Existenz und als persönlichen Partner; mit ihm ging sie zu den Menschen. Diese Hinwendung zum Nächsten mußte für sie einmünden in die *dauernde* Rück- und Hinkehr zum göttlichen Du, dessen Gegenwart sie in Schweigen und Einsamkeit am besten vernahm. Schweigen und Einsamkeit, diese für die Kontemplation wesentlichen Voraussetzungen aufgeben hieß für Teresa „an der Seele erkranken". So schreibt sie: „In jener Zeit fiel mein Vater in jene Krankheit, an der er starb. Sie dauerte nur einige Tage. Ich ging zu ihm, um ihn zu pflegen, kränker an der Seele als er am Leibe, da ich in viele Eitelkeiten verstrickt war."[14]

Bis 1554 lebte Teresa in innerer Zerrissenheit und suchte vergeblich nach geistlicher Führung. In der großen Frauengemeinschaft des Menschwerdungsklosters von Avila fand sie wenig Halt. Immer stärker erkannte sie den Wert geistlicher Freundschaft, in der sie — im Gegensatz zu nur gesellschaftlichen oder auf natürlicher Sympathie beruhenden Verbindungen — Trost und Stütze fand. Zugleich beschäftigte sie der Gedanke der Gefährtenschaft: „Wenn einer beginnt, sich Gott hinzugeben, gibt es so viele, die murren, daß er es nötig hat, Gefährten zu suchen, die ihn schützen, bis alle stark genug sind, Leiden nicht zu scheuen. Sonst käme er in große Bedrängnis ... Auch wächst die Liebe, indem sie sich mitteilt."[15] Teresa hatte die bittere Erfahrung gemacht, von der sie sagt: „Ich hatte viele Freunde, die mir zum Fallen halfen, beim Aufstehen jedoch war ich ganz allein, so daß ich staune, daß ich nicht für immer liegenblieb."[16]

Sie geht hart mit sich ins Gericht und beklagt ihre eigene Unfähigkeit. Der Betrachter ihres Lebens jedoch fühlt sich ermutigt von der Ehrlichkeit ihres Ringens, zu dem Fall und Aufstieg gehören.

Als Mensch ihrer Zeit spricht sie scheinbar negativ von der Welt. Was sie aber eigentlich unter „Welt" versteht, ist das, was nach dem Evangelisten Johannes „im argen" liegt. Dazu gehören für sie nicht große, in die Augen springende Sünden, nicht das Leben *in* der Welt − alles Spiritualistische lag ihr fern −, sondern Gleichgültigkeit gegen den liebenden Gott, Herzenshärte, Haften am Schein der Dinge, Blindheit des Geistes und vor allem Ehrsucht. Nur *der* mitmenschliche Bezug ist „Welt" im negativen Sinn, der den Blick auf Gott verstellt. Die menschliche Freundschaft aber, die den Blick auf Gott hin öffnet, ist gut, ja geradezu notwendig, um im Abbild das Urbild der göttlichen Zuneigung zu erkennen. „Wie mir scheint, ist das innere Beten nichts anderes als ein Verweilen bei einem Freund. Oft suchen wir den allein auf, von dem wir wissen, daß er uns liebt ... Da die Freundschaft mit ihm für euch so wichtig ist, wie auch, daß er euch liebt, so ertragt den Schmerz, oft mit dem zusammenzusein, der so verschieden von euch ist. O unendliche Güte meines Gottes ..., wie gut ist es, in deiner Nähe zu sein, der du den erträgst, der bei dir sein will. Welch guter Freund bist du ihm, mein Herr! Wie beschenkst und duldest du ihn. Wie hoffst du, daß er deine Art annimmt, während du die seine erträgst ... Ich weiß nicht, mein Schöpfer, warum die ganze Welt sich nicht bemüht, deine besondere Freundschaft zu erfahren."[17]

P. Anastasius Ballestrero OCD sagt über Teresas Charisma, das Gebet als Freundschaft mit Gott zu leben:

„Lebt man mit Unterbrechungen? Nein, man lebt fortdauernd, und daher muß man immerwährend beten ... Das Gebet ist ein Leben, also eine dynamische Gegebenheit, die als Keimwert in die Seele eindringt und nach allmählicher Entfaltung drängt mit der besonderen Wirkweise des Augenblicks, der Wegstrecke, der Lage ... Dem Gebet entspringt das Erfahren des Herrn ... (Teresa) spricht vom Herrn, als würde sie ihn kennen; und sie kennt ihn ... Sie spricht vom Herrn, als wäre ihr Leben wahrhaftig ein dauerndes Zusammenleben mit dem Herrn, und das ist es. Nun aber ist es wahrhaftig eine große Wahrheit, das Christentum als freundschaftliche Vereinigung mit dem Herrn darzustellen. Wir sind an der Wurzel der Frohbotschaft, der christlichen Offenbarung, und auf der Verknüpfung all dessen mit dem Gebetsleben einer Seele beruht die Originalität der teresianischen Botschaft. Nach der heiligen Teresa hat die Seele nicht vielerlei zu tun: Tugend üben, beten, arbeiten. Sie soll eine mit Gott befreundete Seele sein, dies genügt ... Für sie ist das geistliche Leben ... nicht das einsame Bemühen einer Seele, die auf etwas zugeht, das sie noch nicht besitzt; es ist ein Leben zu zweit mit dem Herrn ... Ihr geistlicher Integralismus ... hat keinen düsteren ... keinen strengen Zug. Sie erhebt Einwand, wenn die Oberen die Vorschriften vermehren. Sie liebt die Freiheit, sie hat das Bedürfnis, der Liebe Gottes verfügbar zu sein. Ihm anhangen ist alles. Die Freundschaft mit Gott kennt keine Zwischenziele ..., es ist logisch, daß die Unterredung mit Gott nur in Gang kommt, wenn da zwei sind, die sprechen ... In der christlichen Spiritualität, in der Entfaltung des Reichtums christlicher Welt war es die Aufgabe der heiligen Teresa, dem Gebet als wesentlicher Dimension des Christentums seinen Vollsinn zu geben ... Es gibt keine zeitweilige Freundschaft. Freundschaft ist ein Dauerwert, ein Wert, der das Leben ergreift. Ihrem geistlichen Leben im Zeichen des Gebetes als Freundschaft dankt sie die Erfahrung der Gemeinsamkeit, in der das Geheimnis Gottes, seine Offenbarung, seine Erlösung, nicht eine abstrakte Glaubenswahrheit bleibt, die anzuhören und anzunehmen ist, sondern das persönliche Geheimnis eines Herrn, der sich anbietet, der spricht, der sich gibt, der ruft, der leitet ... Die Weihe im Orden ist für die Heilige die ausschließliche Übergabe ... an diese Freundschaft. Die Weihe im Orden ist nicht ein Verzicht, sondern eine Wahl: Unter tausend Freundschaften wählt man die Freundschaft Christi. Verzichtet man auf etwas? Nein. Man wählt alles. So tritt also die schmerzliche Seite der Weihe ... zurück, und es überwiegt der Sinn für Treue."[18]

P. Anastasius beendet seine Überlegungen mit der Feststellung, Teresa sei für die Freundschaft geboren und habe die menschliche, irdische und geistliche Freundschaft verklärt zur „erhabensten Freundschaft, zur Gottesfreundschaft".

Hatte Teresa infolge des wenig geregelten Lebens in ihrem Kloster erkannt, wie wichtig „ein Ort" und „eine bestimmte Zeit" sind, um sich im Alltag an die Freundschaft mit Gott zu erinnern, so war ihr auch trotz des Widerspruchs ihrer Natur klargeworden, Gott wünsche die Seele „einsam, lauter und voll Verlangen nach (seinen) Gnaden".[19] Sie schloß den Kosmos aus ihrer Betrachtung nicht aus. Kontemplation war für sie nicht Einengung in das Seelenkämmerlein oder falsche Weltflucht, vielmehr erfreute sie sich an „Feld", „Wasser" und „Blumen" und liebte es, wie Franz von Assisi in den Lobgesang der Geschöpfe einzustimmen.

Im Jahre 1554 trat ein Ereignis ein, das Teresa auf ihrem Weg zu Gott wesentlich förderte. Der Kampf zwischen weltlichen Interessen und dem Verlangen, dem Herrn ganz anzugehören, hatte sie zermürbt. „Meine Seele war müde, und obgleich sie es wünschte, ließen ihre schlechten Gewohnheiten sie nicht zur Ruhe kommen."[20] Vor einem Christusbild in ihrem Kloster wurde sie plötzlich aufgerüttelt. Sie sah den von Wunden entstellten Herrn und erkannte ihren Mangel an Hingabe. Dieses Erlebnis und die Lektüre der „Bekenntnisse" des hl. Augustinus, in denen sie ihre eigenen Nöte geschildert sah, gaben ihr die weitere Richtung an.

Aber es traten auch neue Schwierigkeiten auf. 1559 verbot die Inquisition alle in Spanisch geschriebenen geistlichen Bücher und Schriften, von denen nach dem Urteil Teresas einige gut gewesen waren und ihr großen Nutzen gebracht hatten. In dieser Unsicherheit kam ihr Gott auf außergewöhnliche Weise zu Hilfe. Häufig sah sie innerlich Christus, besonders als den Auferstandenen. Diese bildhaften und intellektuellen Visionen, die sie in ihrem Buch „Innere Burg" (1577) beschreibt, gaben ihr Kraft auf dem Weg des Gebetes. Obwohl sie sagt, daß es im geistlichen Leben nicht auf außerordentliche Phänomene ankomme, äußerte sie doch immer ihre Dankbarkeit für Gottes Führung, dem es freisteht, durch welche Mittel er die Menschen an sich zieht. Die Visionen brachten ihr von seiten der Menschen großes Leid. Priester und Gelehrte mißtrauten ihr, die Leute lachten sie aus, und viele betrachteten ihren Weg als Anmaßung und Täuschung. Die Theologen jedoch, die glaubten, im Namen Gottes ihr widersprechen zu müssen, mußten erkennen, daß Gott in ihr am Werke war.

Trotz ihrer besonderen Führung unterschied Teresa nicht zwischen „Eingeweihten" und weniger Begnadeten. Den Weg des Gebetes zu beschreiten bedeutete für sie „den Dienst der Liebe beginnen; denn, wie mir scheint, tun wir nichts anderes, wenn wir uns entschließen, auf dem Wege des Gebetes dem zu folgen, der uns so sehr geliebt hat".[21]

Immer klarer erkannte sie die apostolische Fruchtbarkeit der kontemplativen Berufung. „Wenn sich einer anzustrengen beginnt, mit der Gnade Gottes die höchste Stufe der Vollendung zu erreichen, so geht er, wie ich glaube, niemals allein in den Himmel ein. Immer wird er viele nach sich ziehen. Als einem guten Hauptmann wird Gott ihm solche zuführen, die sich ihm anschließen wollen."[22]

In gleicher Weise wird Therese von Lisieux 300 Jahre später diese Lehre übernehmen, wenn sie, angeregt durch Johannes vom Kreuz, die Worte des Hohenliedes: „Ziehe mich, und *wir* werden eilen", auslegt.

Wenn Teresa in ihrer Schrift „Innere Burg" schreibt: „Ob wir Gott lieben, kann man nicht wissen (obwohl es deutliche

Anzeichen gibt, die es erkennen lassen); aber ob wir unseren Nächsten lieben, das merkt man ... Je mehr ihr hierin Fortschritte macht, um so tiefer ist eure Liebe zu Gott", so führt sie einige Sätze weiter aus, daß unsere Liebe zum Nächsten nicht wirklich vollwertig sein könne, wenn sie nicht „aus der Wurzel unserer Liebe zu Gott erwächst".[23] Teresa ist auf Grund ihrer Erfahrung überzeugt, daß sich Gott dem Menschen schon in dieser Welt mitteilen will. Diese Mitteilung geschieht in der Anteilnahme am Gebet Christi und in der schwesterlichen Liebe gegenüber dem Nächsten. Beide Pole sind für sie untrennbar. Aber in der Nachahmung der Lebensweise Christi fließt der Dienst aus der Vereinigung mit dem Vater, aus dem Gespräch mit ihm.

Die Jahre 1560 bis 1562 wurden für Teresas Leben entscheidend. Ehe sie das Wagnis auf sich nahm, mit Gleichgesinnten eine intensivere Christusnachfolge als Kontemplative anzustreben, schloß sie mit Freunden einen geistigen Bund, der das neue Leben tragen sollte. Sie schreibt an einige Priester und Laien: „Ich wünschte, daß wir fünf, die wir uns jetzt in Christus lieben, zusammenhalten. Wie andere sich in diesen Zeiten heimlich gegen Gott zusammentun, um Schlechtigkeiten und Häresien auszuhecken, so sollten wir uns mühen, einander die Augen zu öffnen, damit wir uns bessern können, um Gott mehr zu gefallen."[24] Teresa, die Furchtsame, die das innere Gebet jahrelang unterlassen hatte aus Angst vor Traurigkeit oder Schwächung der Gesundheit, gewann langsam den Mut einer *Conquistadora*, zwar nicht, um irdische Reiche an sich zu reißen, sondern um eine Jüngerin Christi zu werden. „Den Aposteln lag nichts daran, bei der Verkündigung oder Verteidigung einer Wahrheit zur Ehre Gottes alles zu verlieren oder zu gewinnen."[25] Das Gerede und die Verleumdungen gegen sie hatten sie von falscher Menschenfurcht befreit und fähig gemacht, größeren Widerstand auszuhalten.

Im Herbst 1560 ergab sich wie zufällig ein Gespräch in Teresas Zelle. Eine der „fünf Freunde", Doña Guiomar, und eine junge Nichte Teresas, María de Ocampo, waren mit anderen zusammen anwesend. Man sprach von Reformplänen, wie man das kontemplative Ideal der ersten Karmelväter besser verwirklichen könne. Dieses Gespräch hatte Folgen. Teresa fühlte sich gedrängt, ein kleines Reformkloster zu gründen, in dem die Schwestern nach der ursprünglichen Regel des Karmel leben sollten, wie sie im 13. Jahrhundert formuliert worden war.

Der Karmel[26] galt schon für die altchristliche Tradition als geheiligter Ort, weil mit diesem Berg das Andenken an den großen Propheten Elija verbunden war (vgl. 1 Kön 18). Die Schluchten, Täler und Grotten waren wie geschaffen, Menschen, die die Einsamkeit suchten, anzuziehen. Zur Zeit der Kreuzzüge ließen sich fränkische Einsiedler in der Einöde des Karmel nieder. Sie wollten einsam, arm und entblößt dem armen Jesus nachfolgen. Um sich gegenseitig zu helfen, bildeten sie Einsiedler-Kolonien, die geistliche und wirtschaftliche Vorteile miteinander teilten. Eine dieser Eremitengruppen erbat zwischen 1206 und 1214 vom Patriarchen Albert von Jerusalem eine „formula vitae", eine Lebensordnung, die 1226 von Papst Honorius III. bestätigt wurde. Die Albertus-Regel ist in ihrer Nüchternheit und Ausgewogenheit klassisch. Sie besteht fast nur aus Texten der Heiligen Schrift. Die Brüder verstanden sich als Laien-Eremiten, sie unterschieden nicht zwischen Priester und Nicht-Priester. Der Leiter war nicht Abt, sondern Prior. Zwischen ihm und den Eremiten gab es kein Gehorsamsverhältnis wie zwischen Vater und Sohn, sondern eine Haltung gegenseitiger Treue, ausgerichtet auf das gemeinsame Ziel, die Gemeinschaft mit Gott. Die Armut beschränkte sich nicht auf das Tragen billiger Kleidung oder auf einen einfachen Lebensstil. Die Worte der Regel: „Jeder soll in seiner Zelle bleiben, Tag und Nacht im Gesetze des Herrn betrachten (Ps 1,2) und im Gebete wachen (1 Petr 4,7), wenn er nicht durch anderweitige Beschäftigung rechtmäßig in Anspruch genommen wird", bilden das Herzstück der Regel und sind die Grundlage der Spiritualität des Ordens geblieben.

Wegen der Sarazenengefahr kehrten nach 1238 viele Mönche in kleinen Gruppen in ihre europäische Heimat zurück und gründeten dort die ersten Karmelklöster. Die Anpassung an die europäischen Verhältnisse ging nicht ohne Konflikte vor sich. Die Brüder vom Berge Karmel wollten an ihrer Regel festhalten. Gleichzeitig aber wurden sie den Bettelorden angegliedert, was für sie eine Spannung zwischen ihrer spirituellen Herkunft und der veränderten Situation, die sie vorfanden, bedeutete. 1247 bestätigte Papst Innozenz IV. die Karmelregel, die um einige neue Elemente — wie gemeinsame Mahlzeit, Häuser in den Städten (mit der Möglichkeit der Seelsorge), Milderung des Fleischverbotes und des Stillschweigens — ergänzt wurde. Eine letzte Regeländerung mit weiteren „Milderungen" erfolgte um 1435.

Das 14. Jahrhundert brachte die abendländische Christenheit und die Orden in eine tiefe Krise. Die Pest entvölkerte nicht nur ganze Landstriche, sondern auch die Konvente, der Ordenseifer begann zu erschlaffen, das Schisma von 1378 bis 1417 spaltete auch die Orden in zwei Lager. Aber es entstanden auch an verschiedenen Orten Reformbewegungen, die eine Neubelebung der Ordensideale erstrebten.[27] In Spanien wurde besonders die Reform bei den Franziskanern prägend.

Kennzeichnend ist die Forderung nach Rückkehr zu den Ursprüngen, die — wie man jetzt sagte — durch die Milderungen verdunkelt worden seien. Diese Rückkehr erfolgte unter dem Vorzeichen des Rigorismus, die Strenge drohte dabei zu einem absoluten Wert zu werden. Im Unterschied zu den oft großartigen Gebäuden der traditionellen Konvente waren die Häuser der Reform klein. Besonderes Augenmerk galt dem Ordensgewand, es mußte von einfachem groben

Tuch sein, wie es die armen Leute auf dem Land benutzten. Ein weiteres Kennzeichen war das Barfußgehen, und so wurden die Reformierten oft als „Descalzos", also „Unbeschuhte", bezeichnet; wenn sie nicht völlig barfuß gingen, dann mußten sie Hanfsandalen wie die Bauern tragen. Wichtig waren auch die Vorschriften über das Essen, und hier besonders die Forderung nach Abstinenz vom Fleisch, dessen Genuß damals ein Privileg der reichen und wohlhabenden Leute war.

In den Reformbestrebungen des Karmel brachte die Gründung von Frauenklöstern, die mit Johannes Soreth, dem Generalprior von 1451 bis 1471, begann, neuen Aufschwung. Die Errichtung von Karmelitinnenklöstern war für ihn Teil seines Reformprogramms auch für die Männerklöster. Eine kontemplative, zurückgezogene Lebensweise sollte zu einem mehr innerlichen, gesammelten Leben hinführen.

Das Kloster zur Menschwerdung (Santa María de la Encarnación) in Avila war 1479 als „Beaterio" gegründet worden, 1515 wurde die Stiftung aus der Stadt hinaus an den heutigen Platz verlegt. Als Teresa 1535 eintrat, lebten dort etwa 180 Frauen. Die Klöster waren damals auch eine Art Zufluchtsstätte für Töchter adeliger Familien, die ihren Lebensstil im Kloster fortführten; so hatten die reichen Schwestern im Kloster der Menschwerdung geräumige Wohnungen, in die sie Verwandte und Freunde einladen konnten.

Teresa hat zwar immer betont, man könne auch in den Häusern der alten Observanz ein Gott wohlgefälliges Leben führen, für sie aber war im Großkloster zuviel Unruhe und zuwenig Sammlung. Sie strebte kleine Gruppen von Schwestern und Brüdern an.

Teresa konnte ihr Vorhaben nicht ganz geheimhalten. Gerüchte drangen in die Stadt Avila und versetzten die Leute in Aufregung. Der Dominikaner P. Pedro Ibáñez — „er war der Gelehrteste in der Stadt"[28] —, an den sich Teresa gewandt hatte, verteidigte ihren Plan, aber Beichtvater und Provinzial waren entschieden dagegen.

Teresa blieb ruhig, unternahm nichts und stellte ihre Sache Gott anheim. Im April 1561 änderte ihr Beichtvater, der Jesuit Báltasar Alvarez, seine ablehnende Haltung. Sie durfte unter dem Namen ihres Schwagers ein kleines Haus kaufen, in dem sie heimlich Vorbereitungen für die Errichtung des neuen Klosters traf. Ihr Schwager wurde krank, und als sie ihn gesund gepflegt hatte, war das Klösterchen − ohne Wissen des Provinzials und der Oberen im Menschwerdungskloster − fertig. Durch die Vermittlung von P. Ibáñez hatte ihr Papst Pius IV. am 7. Februar 1562 in einem Breve die Gründung erlaubt. Am 24. August des gleichen Jahres errichtete Teresa mit Billigung des Bischofs von Avila, Alvaro de Mendoza, das armselige Klösterchen San José und gab vier Postulantinnen das Ordenskleid.

Sofort erhob sich Widerstand. Teresa schreibt: „Ich war in meinem ganzen Kloster verhaßt, weil ich ein anderes mit größerer Abgeschiedenheit gründen wollte. Die Nonnen sagten, ich würde ihnen Schande bereiten, denn ich könnte auch hier Gott dienen wie andere, die besser seien als ich ... Einige sagten, man sollte mich ins Gefängnis werfen; andere, doch nur wenige, hielten zu mir."[29]

Teresa wurde am 25. August, einen Tag nach der Gründung, in ihr Mutterkloster zurückgerufen, um vor dem Provinzial und der Kommunität öffentlich Rechenschaft abzulegen. Sie gehorchte unverzüglich, obwohl sie sah, daß ihr kleines Werk äußerst bedroht war. Ihre Befürchtungen bestätigten sich. Schon zwei Tage nach der kanonischen Errichtung von San José versammelte sich der Stadtrat Avilas, um das Kloster zu vernichten. Der Dominikaner Domingo Báñez, ein bedeutender Theologe, der seit 1561 Professor an der eben gegründeten Universität zu Avila war, verteidigte Teresa, ohne sie zu kennen, vorzüglich und beruhigte die Stadtväter, indem er sie an den Bischof verwies. Inzwischen

war es auch Teresa gelungen, ihre Ordensoberen einigerma-
ßen zu versöhnen. Mit köstlichem Humor stellt sie fest: „Ich
war erstaunt, was der Teufel gegen ein paar schwache Frau-
en unternahm und daß alle glaubten, zwölf Frauen und die
Priorin – mehr sollten es nicht sein – ... könnten durch ihr
strenges Leben der Stadt einen großen Schaden zufügen ...
Dieser Kampf dauerte fast ein halbes Jahr. Es würde zu lang
werden, von allen Schwierigkeiten einzeln zu berichten." [30]
    Im Dezember 1562 hatten sich die Wogen so weit geglät-
tet, daß Teresa mit vier Schwestern aus dem Menschwerdungskloster nach San José zurückkehren durfte. Sie legte ihren Adelstitel ab und nannte sich fortan „Teresa de Jesús".
Im Jahre 1563, das den Abschluß des Konzils von Trient
brachte, wurde sie offiziell zur Priorin der Neugründung ernannt und schrieb Satzungen für ihre Schwestern, die Pius
IV. 1565 bestätigte.

Diese Satzungen,[31] die Teresa als Lebensordnung für ihre
Schwestern verfaßt hat, sind – im Vergleich mit ihren in
klassischer Sprache geschriebenen geistlichen Werken –
nüchtern und pragmatisch. Sie betreffen eine Tagesordnung,
in der das Schauen auf Gott, das Gespräch mit ihm und den
Mitschwestern erleichtert und gefördert werden soll. Die
nüchternen Punkte, die den Ablauf im klösterlichen Alltag
des Karmels festlegen, sollen in Arbeit und Gebet und im
schwesterlichen Gespräch Raum schaffen für das Erinnern an
Gottes Güte. Für das Leben im Karmel ist Gemeinschaftsfä-
higkeit wichtig, auch das Verlangen, die notwendige Arbeitszeit zu unterbrechen für den Lobpreis Gottes, sei es im
Schweigen, sei es im Sprechen oder Singen. Am kostbarsten
sind sicher die beiden Stunden schweigenden Betens, eine am
Morgen, eine am Abend. Teresas Satzungen zeigen auch,
wie flexibel sie war, welche Ordnungspunkte besser, welche
weniger gut waren für das klösterliche Leben. Teresa wollte
ihre Schwestern zu freien Menschen erziehen, die vor Gott

selbständig denken und handeln. Nicht allein, sondern gemeinsam mit ihren Schwestern und Brüdern dachte sie über die Zukunft ihres Ordens nach. Bloße Gesetzesfrömmigkeit, geistige Enge und Mangel an Urteilsfähigkeit lehnte sie ab. Ihre „Kleinen Gotteswinkel" sollten Früchte hervorbringen, die der Kirche zur Heilung gereichen sollten.

Der Kampf um die Reform

Anderen Menschen zum wahren Selbstverständnis zu verhelfen ist wohl einer der schwersten und wichtigsten Dienste, die ein Mensch seinem Mitmenschen erweisen kann.

Ernst Schering

Von 1567 an begann die Reform aufzublühen. Der General der Karmeliten, P. Giovanni Battista Rossi (Juan Bautista Rubeo), ermutigte Teresa, von ihrer Lebensweise beeindruckt, weitere Klostergründungen vorzunehmen, und erlaubte ihr, auch Männerklöster der Reform zu stiften.

Im Sommer 1567 traf Teresa mit Antonio de Heredia, dem Prior des Karmels in Medina del Campo, zusammen. Er war bereit, der erste Mönch der Reform zu werden. Teresa machte auch die Bekanntschaft eines 24jährigen Karmeliten namens Johannes vom heiligen Matthias. Dieser hatte die Absicht, in die Kartause überzutreten, um mehr seiner kontemplativen Berufung leben zu können. Teresa machte ihm klar, daß sie beide vom gleichen Anliegen erfüllt seien, und gewann ihn für die Reform. 1568 gründete Johannes, der jetzt den Beinamen „vom Kreuz" annahm, mit Antonio de Heredia den ersten Männerkarmel der Reform in Duruelo.[32]

Im gleichen Jahr gründete Teresa noch zwei Frauenklöster in Malagón und Valladolid. Bis 1571 entstanden fünf weitere Schwesternklöster: in Medina del Campo, Toledo, Pastrana, Salamanca und Alba de Tormes. Ein Jahr nach der Gründung des Männerklosters Duruelo gründete Teresa in Pastrana das zweite Männerkloster.

Am 6. Oktober 1571 wurde Teresa in das Kloster der Menschwerdung in Avila zurückgerufen. Sie übernahm im Auftrag des Visitators und Apostolischen Kommissars der

Karmeliten, des Dominikaners P. Pedro Fernández, für drei Jahre das Amt der Priorin. P. Fernández, ein gebildeter und gemäßigter Mann — er war Universitätsprofessor und hatte am Konzil von Trient als Berater teilgenommen —, erhoffte sich von Teresa eine Reform des Klosters.

Am 7. November 1571 schrieb Teresa an ihre Freundin und Wohltäterin Doña Luisa de la Cerda: „Ich habe so peinlich dringende Geschäfte innerhalb und außerhalb des Klosters, daß ich kaum Zeit habe, Ihnen diesen Brief zu schreiben ... Wenn man sich von der Ruhe unserer Klöster umgeben sah und sich in der Aufregung dieses Klosters befindet, so weiß ich nicht, wie man leben kann. Auf alle mögliche Weise muß man leiden. Jedoch Ehre sei Gott dafür! Der Friede herrscht hier, und das heißt nicht wenig. Die Schwestern geben allmählich ihre Unterhaltungen und Freiheiten auf. Obgleich sie sehr gut sind und die Tugendübung in diesem Haus auf hoher Stufe steht, so bedeutet die Änderung der Gewohnheiten eine Art Tod für sie; sie ertragen dies wohl und erweisen mir viel Ehrfurcht; aber Sie werden begreifen, welche Mühe notwendig ist, um alles in Ordnung zu bringen in einem Hause, in dem sich 130 Nonnen befinden."[33]

Als Teresa ihr Amt antrat, stellte sie im Betchor auf den Platz der Priorin eine Statue der Muttergottes, um die aufgebrachten Schwestern, gegen deren Willen sie eingesetzt worden war, zu beruhigen; sie wollte ihnen damit zeigen, daß sie nicht über sie herrschen wollte, sondern ihnen zu helfen wünschte. Die eigentliche Priorin sollte für die Schwestern die Muttergottes sein.[34]

Ein knappes halbes Jahr später, am 7. März 1572, schrieb sie an die Gräfin und Gönnerin María de Mendoza: „Wenn ich sehe, wie die Nonnen so wahrhaft friedlich und gut sind, tut es mir wehe, sie in solcher Armut zu wissen. Die Veränderung, die der Herr in ihnen wirkte, stimmt zum Lobe. Jene, die ehedem sich am wenigsten fügten, sind jetzt zufrie-

den und mir besser gesinnt ... Es gibt hier wahrlich sehr große Dienerinnen Gottes, und fast alle arbeiten an ihrer Vervollkommnung. Meine Priorin wirkt diese Wunder."[35]

Mit Geschick und großer Energie gelang es Teresa, die ihr
zugedachte Aufgabe zu erfüllen. Im Jahr 1572 holte sie Johannes vom Kreuz als „Beichtvater und Vikar der Schwestern der Encarnación" nach Avila.[36] Johannes war nach der
Neugründung von Duruelo Novizenmeister zu Duruelo,
Mancera und Pastrana; 1570 hatte er als Magister und Rektor
das Ordenskolleg zu Alcalá de Henares eröffnet. In ihn setzte
Teresa jetzt die größte Hoffnung, daß er ihr bei dem schwie-
rigen Unternehmen, das geistliche Leben im Kloster zu fördern, behilflich sei.

In der Folge wurden noch weitere Funktionen von Unbeschuhten übernommen. Teresa schreibt in einem Brief vom
13. Februar 1573: „Der Pater Visitator Pedro Fernández hat
für dieses Karmelitenkloster als Prior, Subprior, Pförtner
und Sakristan Unbeschuhte Brüder eingesetzt. Wir haben als
Beichtvater einen von ihnen, der sehr heilig ist, er hat uns
viel Gutes erwiesen, und auch die anderen stehen mir zur
Seite."[37] Der Wunsch Teresas, daß der Karmelkonvent von
Avila vollständig in den Besitz ihrer Unbeschuhten übergin-
ge, sollte sich allerdings nicht erfüllen.

Am 6. Oktober 1574 endete der Auftrag Teresas, den Kar-
mel der Menschwerdung in Avila zu leiten. Sie kehrte in ihr
Kloster San José zurück und gründete 1574/75 drei weitere
Klöster in Segovia, Beas und Sevilla.

In dieser Zeit begann ein Sturm heraufzuziehen, der das
Werk Teresas zu zerstören drohte. Am 22. Mai 1575 wurde
in Piacenza in Italien das Generalkapitel der Karmeliten ab-
gehalten. Zu Beginn der Versammlung verlas der General,
P. Rossi, ein Breve des Papstes Gregor XIII. vom 4. August
1574, das die Vollmachten der Apostolischen Kommissare
und alle Vollmachten, die Teresa für ihre Klostergründungen

erhalten hatte, widerrief. Ende 1575 wurde Teresa in Sevilla vom Prior des dortigen Karmels, P. Michael de Ulloa, die Anordnung übergeben, Andalusien sofort zu verlassen und sich in ein Kloster in Kastilien zurückzuziehen. Gleichzeitig wurden alle Klöster in Andalusien aufgehoben, die ohne Erlaubnis des Generals der Karmeliten gegründet worden waren.

Die Ursachen für den Konflikt zwischen der Reform Teresas und dem Stammorden waren vielschichtig.[38] Die vom Konzil von Trient ausgehende Reform der Orden war eigentlich Aufgabe der Generaloberen. Für Spanien hatte der König jedoch erreicht, daß diese Reform unter der Aufsicht des Hofes durch die Ortsordinarien erfolgen sollte. So kam es bei der durch Teresa begonnenen Reform zur Gründung von Klöstern gegen das Verbot des Ordensgenerals, aber mit Billigung des vom königlichen Hof ernannten Visitators. Hinzu kamen die Widerstände und Intrigen von nicht-reformwilligen Ordensleuten, die oft einflußreiche Gönner hatten.

In ihrem „Buch der Klosterstiftungen" schreibt Teresa über diese Vorgänge: „Sei es nun, daß mir Seine Majestät einige Ruhe gewähren wollte oder daß es den Teufel verdroß, weil so viele Klöster gestiftet waren, in denen unserem Herrn so vollkommen gedient wurde, kurz, man konnte deutlich sehen, daß die (neue Verordnung) nicht auf Veranlassung des Paters General hin erfolgte. Denn als ich ihn vor wenigen Jahren ersuchte, er möge mir keinen Auftrag mehr zu neuen Stiftungen erteilen, gab er mir zur Antwort, er werde sich davor wohl hüten, vielmehr sei es sein Wunsch, daß ich so viele Klöster stiften möchte, als ich Haare auf dem Haupte habe. Bevor ich nun von Sevilla abreiste, gab man mir nach Abschluß des Generalkapitels den Erlaß des Definitoriums bekannt, wonach ich weder eine neue Niederlassung gründen noch unter irgendeinem Vorwande jenes Kloster verlassen dürfte, das ich mir selbst zu meinem Aufenthalt wählen würde, während man doch hätte meinen sollen, es würde der neue Zuwachs des Ordens als eine Wohltat gutgeheißen werden. Das war eine Art Gefangenschaft ... Aber das Schlimmste war – und das bereitete mir großen Schmerz –, daß unser Pater General ohne allen Grund, bloß auf den Bericht leidenschaftlicher Personen hin, gegen mich aufgebracht wurde. Zugleich erfuhr ich, daß man zwei schwere Verleumdungen über mich ausgestreut hatte."[39]

Von Bedeutung war auch, daß die Entwicklung der Schwesternklöster anders verlaufen war als die der Brüderkonvente. Die Schwestern waren vom General P. Rossi unmittelbar Teresa unterstellt worden, die eigene Konstitutionen für sie verfaßt hatte. Auch auf die Auswahl der jungen Frauen hatte Teresa großen Einfluß. Wer in eines ihrer Klöster eintrat, nahm Teresa zum Vorbild und sah in ihr die Lehrmeisterin. Anders verhielt es sich bei den Brüderkonventen. Sie behielten oft ihre bisherige Formung bei, auch war man bei der Auswahl der Kandidaten großzügiger. Viele kamen aus den bestehenden Klöstern oder auch aus Einsiedlergruppen, die mehr ihren Vorstellungen von Einsamkeit und Buße folgten und sich weniger am Ideal Teresas orientierten. Als besonders schwerwiegend stellte sich heraus, daß die Brüderklöster nach wie vor der alten Leitung unterstanden und keine eigene Provinz bildeten. Selbst Antonio de Heredia, der Mitbegründer des ersten Männerklosters der Reform in Duruelo, folgte mehr seiner bisherigen Regel und dem Ideal der Wüstenväter als dem Geist Teresas mit der Betonung der Menschlichkeit und des Maßhaltens im geistlichen Leben. Und die Einsiedler der Klöster in Pastrana und La Roda standen der Büßerin Catalina de Cardona näher, die 1572 ein Karmelkloster gründete, in dessen Nähe sie als Einsiedlerin lebte.[40]

Eine große Hilfe wurde für Teresa in dieser schweren Zeit die Begegnung mit P. Jerónimo Gracián. Gracián entstammte einer vornehmen Familie von Valladolid, sein Vater stand in Diensten Kaiser Karls V. und König Philipps II. Nach glänzenden Studien in Alcalá wurde er zum Priester geweiht. Er war durch die Jesuiten in das innere Gebet eingeführt worden, und so dachte er zunächst daran, Jesuit zu werden. Als er aber durch Kontakte zu den Karmelitinnen in Pastrana die Reform Teresas kennenlernte, trat er 1572 in den dortigen Männerkarmel ein.

Im „Buch der Klosterstiftungen" berichtet Teresa von ihrer Begegnung mit Gracián: „Während ich mich in der Stadt Beas befand und auf die Erlaubnis des Ordensrates zur Stiftung des Klosters in Caravaca wartete, erhielt ich Besuch eines unserer unbeschuhten Väter. Es war der Magister Pater Hieronymus von der Mutter Gottes, der erst vor wenigen Jahren zu Pastrana eingetreten war. Er ist ein sehr gelehrter, scharfsinniger und bescheidener Mann, dessen ganzes Leben mit seltenen Tugenden geziert war, so daß es scheint, Unsere Liebe Frau habe ihn selbst zum Heile dieses Ordens nach der ursprünglichen Regel auserwählt ... Er war zwar nicht der erste, der das Werk der Reform begann, aber es kam doch eine Zeit, in der ich manchmal Reue empfand, es begonnen zu haben, wenn ich nicht ein überaus großes Vertrauen auf Gottes Barmherzigkeit gehabt hätte. Ich denke hier an die Männerklöster; denn mit den Frauenklöstern ist es dank seiner Gnade bis jetzt noch immer gut gegangen. Mit den Klöstern der Brüder stand es zwar auch nicht schlecht, aber sie trugen von Anfang an den Keim eines baldigen Verfalles in sich, weil sie keine eigene Provinz bildeten und unter der Leitung der Beschuhten standen. Es wurde nämlich jenen, die die Fähigkeit gehabt hätten, die Leitung zu übernehmen, wie dem Pater Antonius von Jesus, der die Reform in die Wege zu leiten begann, keine Gewalt zugestanden; überdies hatten (die Unbeschuhten) vom wohlehrwürdigen Pater General noch keine Satzungen erhalten. In jedem Kloster tat man, was man für gut hielt; und bis sie sich gegenseitig verständigt und eine eigene Leitung bekommen hätten, würde man viele Schwierigkeiten zu überwinden gehabt haben, da die einen diese, die anderen jene Ansicht hatten. Dies bereitete mir oft großen Kummer. Unser Herr schaffte nun durch Vermittlung des Paters Hieronymus von der Mutter Gottes Abhilfe, der zum Apostolischen Kommissar ernannt wurde und die Gewalt und Oberleitung über die Männer- und Frauenklöster der Unbeschuhten erhielt. Er verfaßte für die Brüder eine eigene Satzung, während wir sie schon von unserem wohlehrwürdigen Pater General erhalten hatten. Darum entwarf er für uns keine Satzungen, sondern nur für jene, und zwar kraft seiner apostolischen Vollmacht und vermöge seiner hervorragenden Geistesanlagen, die ihm der Herr, wie schon erwähnt, verliehen hat. Als er zum ersten Male die Männerklöster visitierte, stellte er eine solche Ordnung und Harmonie her, daß offenbar die göttliche Majestät ihm beistand und man sehen konnte, Unsere Liebe Frau habe ihn erwählt, ihrem Orden zu Hilfe zu kommen.“[41]

Aber nicht alle schätzten Gracián so sehr wie Teresa und ihre Schwestern. Den Brüdern schien er als Vorgesetzter zu sanft und zu milde im Urteil zu sein.

Der Sturm gegen die Reformbewegung Teresas brach offen aus, als Johannes vom Kreuz — mit Teresa die Seele der Reform — im Dezember 1577, zusammen mit einem Gefährten, von nichtreformierten Mitbrüdern aus seinem Haus in Avila entführt wurde, angeblich, weil sein Verbleiben dort gegen bestimmte Regeln verstieß.[42] Johannes wurde in das Klostergefängnis von Toledo gebracht, er galt im nichtreformierten Teil des Ordens als Rebell. Er fühlte sich von Gott und Menschen verlassen und verbrachte neun Monate unter unerträglichen Bedingungen. In dieser Zeit verfaßte er seine ersten mystischen Gedichte. Im August 1578 entkam er aus seinem Verlies und suchte Zuflucht bei den Karmelitinnen von Toledo.

Teresa war über das Schicksal ihres Mitstreiters erschüttert. Kurz nach seiner Verhaftung schrieb sie bekümmert an die Priorin Mariá de San José in Sevilla: „Schon vor etwas mehr als acht Tagen habe ich einen Brief an Sie über Madrid gesendet, und darum werde ich mich heute kurz fassen; denn bezüglich der Angelegenheiten, von denen ich Ihnen damals berichtete, gibt es nichts Neues. Sie berühren uns freilich sehr schmerzlich, da schon sechzehn Tage verflossen sind, seitdem man unsere beiden Mitbrüder gefangengesetzt hat, und bis jetzt wissen wir nicht, ob man sie wieder losgelassen hat oder nicht. Übrigens vertrauen wir auf Gott, daß er Abhilfe schaffen werde ... Auch die Lage der Nonnen des Klosters der Menschwerdung schmerzt mich tief; sie sind mit so vielen Prüfungen arg heimgesucht. Am schmerzlichsten ist es für sie, daß man ihnen die heiligen Beichtväter genommen hat und beide mit solcher Strenge behandelt. Ich bitte Sie um der Liebe willen, empfehlen Sie alle diese Verfolgten Gott! Denn was sie leiden, ist wirklich zum Erbarmen."[43]

An Jerónimo Gracián schrieb sie im August 1578: „Mir schwebt, ich versichere Sie, immer vor Augen, wie man mit Pater Johannes vom Kreuz umgegangen ist. Ich begreife nicht, wie Gott so etwas zuläßt. ... Neun Monate lang befand er sich in einem sehr engen Kerker, in dem er, so klein er auch an Gestalt ist, kaum aufrecht stehen konnte. Während dieser Zeit ließ man ihn, obgleich er todkrank war, nicht einmal das Unterkleid wechseln. ... Während der ganzen Zeit seiner Gefangenschaft hat ihn niemand besucht. Ich beneide diesen heiligen Mann recht sehr. Gepriesen sei unser Herr, der ihn zur Erduldung eines solchen Martyriums für fähig befunden hat! Aber es ist gut, daß dies alles bekannt ist, damit man sich in Zukunft vor diesen Leuten in acht nimmt. Gott verzeihe ihnen! Amen."[44]

Mit dem Breve „Pia Consideratione" vom 22. Juni 1580 gab Papst Gregor XIII. den Unbeschuhten Karmeliten die Vollmacht, eine eigene, von den Beschuhten unabhängige Ordensprovinz zu errichten. Verhandlungen in Rom und vor allem die machtvolle Unterstützung des spanischen Königs Philipp II. hatten zu diesem lange erhofften Erfolg geführt.

40

Am 3. März 1581 begann in Alcalá de Henares das erste „Provinzkapitel" der Teresianischen Ordensfamilie. Johannes vom Kreuz, der Prior des 1579 gegründeten Karmels in Baeza geworden war, nahm daran teil und wurde zu einem der vier Definitoren gewählt. Zum ersten Provinzial wurde entsprechend dem Wunsch Teresas Jerónimo Gracián gewählt. Nach Errichtung der Provinz und den Wahlen ging die Kapitelversammlung daran, neue Konstitutionen auszuarbeiten.

Ende November 1581 kam Johannes vom Kreuz nach Avila und bat Teresa, mit ihm nach Granada zu gehen, um dort ein weiteres Karmelitinnenkloster zu gründen. Seit Johannes vier Jahre zuvor aus Avila entführt worden war, hatte es zwischen ihnen nur briefliche Kontakte gegeben, und entsprechend groß war die Freude über das Wiedersehen. Teresa hatte aber zu dieser Zeit bereits eine Gründung in Burgos vorgesehen und sah keine Möglichkeit, diesen Plan zu ändern.

Burgos war die letzte Gründung Teresas. Sie fühlte sich elend und angeschlagen. Ihre Briefe sprechen von großer Arbeitsüberlastung, von ihrer schlechten Gesundheit, aber auch von ihrer großen Liebe zu ihren Schwestern und Brüdern.

Trotz ihrer Übermüdung gab ihr Antonio de Jesús den Auftrag, nach Alba de Tormes zu fahren, um Schwierigkeiten im dortigen Konvent zu regeln. In Alba de Tormes brach die Todeskrankheit, die Teresa sicher schon lange in sich trug, voll aus. Sie bekam hohes Fieber und starke Blutungen. Am 4. Oktober 1582 starb sie in den Armen einer ihrer Lieblingstöchter, Sr. Ana de San Bartolomé.

Solange die Klöster der Reform Teresas von den Beschuhten Karmeliten angegriffen wurden, hielt man zusammen, um zu überleben. Kaum aber waren die Reformklöster zu einer eigenständigen Provinz geworden, traten unter den Brüdern Differenzen zutage, die sich nach dem Tod Teresas noch verschärften.

Im Mai 1583 fand im Konvent Unserer Lieben Frau vom Karmel in Almodóvar das zweite Provinzkapitel statt. Schon hier trat Nicolás Doria hervor, indem er Kritik an Verhaltensweisen des Provinzials P. Gracián übte, die ihm als Schwachheit in der Führung vorkamen; der Vorschlag allerdings, P. Gracián seines Amtes zu entheben, wurde abgelehnt.

Im Mai 1585 fand das nächste Kapitel in Lissabon statt. Bei der Neuwahl des Leitungsgremiums der Provinz schlug P. Gracián vor, P. Doria solle ihm im Amt des Provinzials nachfolgen, und tatsächlich wurde P. Doria gewählt.[45]

Nicolás Doria entstammte einer italienischen Bankiersfamilie, er wurde 1539 in Genua geboren. Mit 31 Jahren kam er aus geschäftlichen Gründen nach Spanien, blieb dort und erwarb sich ein großes Vermögen. Das befriedigte ihn jedoch nicht, und er wandte sich der Theologie zu. 1576 wurde er zum Priester geweiht, ein Jahr darauf trat er in den reformierten Karmel ein, den er in Sevilla im Kloster Los Remedios kennengelernt hatte. Er war im Orden ähnlich erfolgreich wie vorher im geschäftlichen Leben. Kurz nach der Profeß wurde er zum Vikar des Klosters gewählt, 1579 wurde er Prior in Pastrana, und 1581 wurde er erster Definitor der Provinz, dazu Socius P. Graciáns.

Da Doria in Lissabon nicht anwesend war – er hielt sich zur Gründung eines Bruderkonvents in seiner Heimatstadt Genua auf –, wurde das Kapitel in Lissabon unterbrochen und im August in Pastrana fortgeführt.

Im Juni 1588 wurde als feste kollegiale Leitungsinstanz der Generalrat – die sogenannte Consulta – eingeführt. Er bestand neben dem Generalvikar aus sechs Räten und vier Definitoren, sein Sitz war zunächst Segovia, ab 1590 Madrid. Johannes vom Kreuz hatte das Amt des ersten Definitors inne und war damit der Vorsitzende, wenn P. Doria, der seine Mitarbeit sehr schätzte, unterwegs war.

Schon zur Zeit der Amtsübergabe von Jerónimo Gracián

an Nicolás Doria hatte sich der Konflikt zwischen diesen beiden angekündigt, und seither waren die Spannungen noch gewachsen.[46] P. Gracián fühlte sich als Erbwalter des teresianischen Charismas, und er wandte sich gegen die neue Leitungsform. Beim Kapitel 1588 entzog ihm P. Doria das Wahlrecht. Die meisten Priorinnen stellten sich auf die Seite Graciáns, sie wandten sich nach Rom und erhielten mit einem Schreiben vom 5. Juni 1590 ein Breve, das ihre Konstitutionen bestätigte und einen Sonderbeauftragten ernannte, der allein in Absprache mit dem Generalvikar für sie weisungsbefugt sein sollte. Die Reaktion von P. Doria folgte unmittelbar und sehr direkt: Er wies die Schwestern zurecht und schloß P. Gracián aus dem Orden aus. Johannes vom Kreuz, dessen Wort in der Consulta Gewicht hatte, setzte sich für die Schwestern und für Gracián ein, aber selbst er vermochte nun nichts mehr auszurichten. Er nahm noch am Generalkapitel in Madrid im Juni 1591 teil, schied aber aus allen Ämtern aus. Er zog sich, von einer tödlichen Krankheit schon gezeichnet, nach Ubeda zurück, wo er am 14. Dezember 1591 starb.

1593 wurden die Unbeschuhten völlig unabhängig vom Stammorden, der bisherige Generalvikar Doria wurde damit zum Ordensgeneral. Das erste Kapitel sollte 1594 stattfinden; auf der Reise zu diesem Kapitel starb Nicolás Doria überraschend am 9. Mai 1594.

Den Spannungen, die zum Kampf um die Reform Teresas geführt hatten, lagen unterschiedliche Auffassungen über Menschenführung und Leitung eines Ordens zugrunde, letztlich aber ging es um die rechte Art zu glauben. Für Teresa und Johannes vom Kreuz, denen die Schwestern — allen voran Ana de Jesús und María de San José — sowie P. Gracián folgten, bedeutete Christ-Sein in erster Linie ein Leben in einer persönlichen Beziehung zu Gott. Teresas Kurzformel dafür ist „Leben in der Freundschaft mit Gott". Für Doria und seine Anhänger dagegen lag das Heil in der Regelobservanz, in Rigorismus und Bußübungen, in Reglementierung und Beobachtung von Geboten und Vorschriften.

Da Doria sich über Teresa und ihr Werk nicht einfach hinwegsetzen konnte, suchte er sie in sein ganz anderes Ordenskonzept einzubinden. Er nannte sie nicht Gründerin, sondern Reformatorin, und stellte sie dem Gesamtorden als Beispiel der Strenge und Ordenszucht vor.

Daß wir uns heute auf die authentischen Aussagen Teresas berufen können, ist das Verdienst des Augustinermönchs Luis de León, der 1587 vom Königlichen Rat den Auftrag zur Prüfung und Herausgabe des Gesamtwerkes Teresas erhielt, die ab 1588 erfolgte.

„Ich meinte", bemerkte der große Theologe und Dichter bei der Lektüre, „es müsse mehr als menschliche Begabung sein, was ich da vernehme." Er sah eine besondere Absicht Gottes darin, „daß eine schwache Frau den Mut zu so großen Unternehmungen" aufbrachte, und wagte die Feststellung: „Ich zweifle nicht, daß der Heilige Geist an vielen Stellen aus ihr spricht, da er ihr Hand und Feder führte."[47]

Die Schriften Teresas

Wie die Lampe ohne Feuer nicht bren-
nen kann, so kann der Mensch nicht le-
ben ohne Gott.

Aus Indien

Das schriftliche Werk Teresas liegt auf deutsch in den 6 Bänden „Sämtliche Schriften der hl. Theresia von Jesu" vor: Der
1. Band enthält ihre Lebensbeschreibung, der 2. Band das
Buch der Klosterstiftungen, der 3. und 4. Band enthalten ihre
Briefe, der 5. Band enthält die Seelenburg bzw. Innere Burg,
der 6. Band den Weg der Vollkommenheit.

Im Anhang zur Lebensbeschreibung finden sich geistliche
Berichte (Cuentas de Consciencia oder Relaciones) Teresas,
in denen sie ihren Seelenführern Aufschluß gibt über ihr inneres Leben, sowie Aufzeichnungen von Gunstbezeigungen
Gottes, die ihr zuteil wurden. Im Anhang zum Buch der Klosterstiftungen sind Angaben zur Familie Teresas und Berichte
ihrer engsten Mitarbeiterinnen beigefügt, darunter der Bericht der María de San José über die Wirren der Reform. Im
Anhang zur Seelenburg sind noch kleinere Schriften abge-
druckt, im Anhang zum Weg der Vollkommenheit finden
sich Teresas Satzungen für die Unbeschuhten Karmelitinnen,
eine Anleitung für das Visitationsverfahren in den Klöstern
sowie Gedichte und Lieder. Dieser Band enthält auch ein Re-
gister der Sämtlichen Schriften Teresas.

Teresa hatte im Jahre 1554 eine innere Erschütterung vor einem Christusbild erlebt, und sie versuchte auszudrücken, was
in ihr vorgegangen war, vermochte es aber nicht. Auf Vermittlung von Francisco de Salcedo sprach sie mit einem im
geistlichen Leben erfahrenen Priester aus Avila, Gaspar

Daza. Um sich verständlich zu machen, hatte sie ein Buch des Franziskaners Bernardino de Laredo, „Subida del Monte Sión" (Aufstieg zum Berge Sion), mit handschriftlichen Unterstreichungen und Bemerkungen versehen, da dieses Buch vieles enthielt, was ihren eigenen inneren Erfahrungen entsprach. Gleichzeitig übergab sie Daza einen kurzen Bericht über ihr Leben und „ihre Sünden", wie sie selbst berichtet. Daza und Salcedo bekamen es mit der Angst zu tun, da ihnen schien, Teresa sei ein Opfer teuflischen Trugs, und verwiesen sie an den Jesuiten Juan de Prádano. Der erste Bericht Teresas wurde wahrscheinlich vernichtet, der zweite Bericht für Prádano ist wohl identisch mit den zehn ersten Kapiteln ihrer Lebensbeschreibung, ist aber auch nicht mehr in der Urschrift erhalten. Die Seelenführer Teresas sahen in diesem Bericht ein wertvolles Dokument für das geistliche Leben und ermutigten sie, ausführlicher über ihr Leben zu schreiben. Auf Anregung des Dominikaners Pedro Ibáñez begann sie um 1561 in Avila, einen größeren Bericht über ihr Leben zu verfassen; sie setzte das Werk in Toledo bei ihrer Freundin Luisa de la Cerda fort und beendete es im Juni 1562. Der Dominikaner García de Toledo gab ihr Ende dieses Jahres den Auftrag, ihre Klostergründung San José in den Bericht einzuarbeiten und einen Bericht über die Gunstbezeugungen, die sie von Gott erfuhr, hinzuzufügen.

Der Inquisitor von Toledo, Francisco Soto y Salazar, wünschte zur selben Zeit, sie solle den Bericht noch ausführlicher gestalten und ihn dann dem Magister Juan de Avila vorlegen. Diese zweite Überarbeitung schloß Teresa 1565 ab. Sie arbeitete um, fügte Neues hinzu und teilte das Manuskript in 40 Kapitel (oder Hauptstücke) ein.

Diese letzte Fassung, die im Escorial bei Madrid aufbewahrt ist, liegt der heutigen Ausgabe der Lebensbeschreibung („Vida", auch „el Libro de la Vida") zugrunde. Teresa selbst nannte das Buch „el Libro grande" und auch „el Libro de las Misericordias de Dios". Es hat vier Hauptabschnitte:

Der 1. Abschnitt (Kap. 1-10) zeigt den Weg ihrer Bekehrung zu einem tiefen geistlichen Leben; der 2. Abschnitt (Kap. 11 bis 22) ist ein Einschub über das Gebet, der 3. Abschnitt (Kap. 23-32) behandelt innere Gnaden und Versuchungen, der 4. Abschnitt berichtet über die Gründung des Klosters San José (Kap. 33-36) und über letzte Gnaden (Kap. 37-40).

Im Auftrag von Jerónimo Gracián wurden mehrere Abschriften hergestellt, die aber zum Teil wieder verlorengingen; außer der Handschrift im Escorial gibt es noch eine Abschrift in der Nationalbibliothek in Madrid, eine weitere Abschrift hat das Karmelitinnenkloster in Salamanca.

Um das Jahr 1574 war die Prinzessin María Eboli de Mendoza nach dem Tod ihres Mannes in den Karmel eingetreten, wollte aber im Karmel ihre bisherige Lebensweise beibehalten. Da Teresa sich ihren Launen nicht fügte, verklagte die Eboli sie bei der Inquisition, in ihrem Lebensbericht wären gefährliche Lehren enthalten. Doch der Dominikaner Domingo Báñez, Professor an der Universität zu Avila und Teresas Berater und Beichtvater, verteidigte sie als Consultor, was zur Folge hatte, daß das beschlagnahmte Manuskript gutgeheißen und wieder freigegeben wurde.

Das zweite Werk Teresas ist ihr „Librito pequeño", das kleine Büchlein, oder „Paternoster", das den Titel „Weg der Vollkommenheit" (Camino de Perfección) erhielt. Unter dem „kleinen Büchlein" verstand Teresa die ersten 25 Kapitel mit aszetischen Beiträgen für ihre Schwestern; das „Paternoster" bildet den 2. Teil (Kapitel 26-42), es enthält tiefe Aussagen über das innere Beten anhand der Bitten des Vaterunsers.

Dieses Buch hat einen völlig anderen Stil als das „Leben". Sprach Teresa dort über sich selbst, über ihre Beziehung zu Gott, so gibt sie hier eine praktische Anleitung für die Schwestern in ihrem Ordensalltag.

Die Sätze sind kurz, fast scharf geprägt und nehmen sich vielfach wie militärische Befehle aus. Jesus ist der Feldherr, dem die Schwestern in tapferer Ergebenheit folgen. Teresa war tief erschüttert durch die Nachrichten über die „Lutheraner" und sonstigen Reformatoren; die Welt steht für sie „in Flammen", man will Christus aufs neue kreuzigen, da sollen ihre Schwestern wie tapfere Soldaten ihr Leben bestehen.

Teresa legt aber auch großen Wert auf die schwesterliche Liebe; die Schwestern sollen wie Freundinnen miteinander umgehen.

In ihren Ausführungen zum Vaterunser entwirft Teresa praktisch eine Lehre über das innere Gebet in seinen Entwicklungsstufen: Gebet der Sammlung, Gebet der Ruhe, Gebet der Vereinigung. Hier verschwindet das Soldatische, das innerste Wesen der Liebe zeigt sich als ungeschuldete Zuwendung von seiten Gottes, der den Menschen wie einen Freund annimmt.

Der „Weg der Vollkommenheit" liegt in zwei Fassungen vor. Die erste Fassung schrieb Teresa 1565, in ihrem Kloster San José; sie war nur für ihre Schwestern bestimmt. Das Original dieser Handschrift gelangte 1592 in die Bibliothek des Escorial. Die zweite, überarbeitete Fassung schrieb sie entweder 1566 noch in Avila oder 1570 in Toledo. Teresa selbst wollte das Werk noch zu ihren Lebzeiten veröffentlichen, die Drucklegung erfolgte jedoch erst nach ihrem Tod, im Jahr 1583. Das Original dieser Fassung befindet sich im Karmelitinnenkloster zu Valladolid. Außer den beiden Originalhandschriften gibt es noch einige Abschriften aus zweiter Hand, die schon zu Lebzeiten Teresas gemacht worden waren.

Als der Ordensgeneral P. Rossi Teresa nach der Gründung des Klosters San José im Jahre 1562 Vollmachten zu weiteren Gründungen übertrug, dachte sie daran, sich Notizen über diese neuen Gründungen zu machen. Innerlich fühlte sie sich zum Schreiben gedrängt, aber es kam nicht dazu. Als sie 1573 bei einer Neugründung in Salamanca war, gab ihr ihr Beichtvater, der Jesuit Jerónimo Ripalda, den Rat, die Geschichte ihrer bis dahin gegründeten Klöster aufzuzeichnen. So entstanden dort die ersten neun Kapitel des Buches der Klosterstiftungen („Libro de las Fundaciones"), die von den beiden Gründungen San José und Medina del Campo handeln. Mit ihrem lebendigen erzählerischen Talent streut Teresa auch geistliche Erfahrungen und psychologische Reflexionen ein. Immer wieder bricht sich auch ihr Humor Bahn. Nach dem 9. Kapitel brach Teresa ab, obwohl noch weitere Klöster entstanden waren. Auf Anregung von Jerónimo Gracián ging sie im Oktober 1576 in Toledo an die Fortsetzung des Werkes und beschrieb in 18 Kapiteln (10-27) die Gründungen der folgenden 11 Klöster. Nach dem Bericht über das Kloster in Caravaca schreibt sie: „Dieser Bericht wurde vollendet am 14. November des Jahres 1576." Danach brach der Sturm gegen die Reform los, aber er ging vorüber, und Teresa konnte zwischen 1580 und 1582 mit ihrer letzten Kraft noch vier Klöster gründen, das letzte im April 1582 in Burgos. Sie schildert dies in den Kapiteln 28-31.

Teresa übergab die Handschrift ihrem Beichtvater Pedro Manso, von ihm kam sie, zusammen mit anderen Schriften, 1587 an Ana de Jesús, die die Schriften Teresas für Luis de León sammelte, der die erste Gesamtausgabe vorbereitete. Die Veröffentlichung erfolgte allerdings erst im Jahre 1610 in Brüssel durch Ana de Jesús und Jerónimo Gracián. Das Original befindet sich im Escorial. Philipp II. hatte 1592 alle Originalhandschriften Teresas für den Escorial bestimmt.

Im Frühjahr 1577 unterhielt sich Teresa in Toledo mit Jerónimo Gracián über Fragen des geistlichen Lebens. Dabei wies sie darauf hin, daß sie dieses und jenes schon in ihrer Lebensbeschreibung erläutert habe. Darauf erwiderte Gracián, da dieses Buch nicht verfügbar wäre – es lag zur Prüfung bei der Inquisition –, solle sie ihre Erfahrungen noch einmal schriftlich festhalten. Zunächst weigerte sich Teresa, begann dann aber im Juni 1577, am Fest der Allerheiligsten

Dreifaltigkeit, in Toledo mit der Niederschrift; nach einer Unterbrechung, bedingt durch ihre Übersiedlung von Toledo nach Avila im Sommer dieses Jahres, vollendete sie das Werk — nach knapp sechs Monaten — am 29. November in Avila. Es trägt den Titel „Moradas del Castillo interior", die „Wohnungen der inneren Burg", im Deutschen auch „Seelenburg". Der Titel bezieht sich auf das Bild, mit dem das Werk beginnt: „Wie ich heute unseren Herrn anflehte, er möge durch mich reden ..., da bot sich mir dar, was ich nunmehr sagen und als Fundament gebrauchen möchte: nämlich unsere Seele als eine Burg zu betrachten, die ganz aus einem Diamant oder einem sehr klaren Kristall besteht und in der es viele Gemächer gibt, gleichwie im Himmel viele Wohnungen sind. ... Denken wir uns also, ... daß diese Burg — wie ich schon gesagt habe — viele Wohnungen hat, von denen einige oben gelegen sind, andere unten und wieder andere seitwärts, und daß sie ganz innen, in der Mitte all dieser Wohnungen, die allerwichtigste birgt: jene, wo die tief geheimnisvollen Dinge zwischen Gott und der Seele vor sich gehen."

Die Seele durchschreitet auf ihrem Weg zu Gott sieben Hauptwohnungen. Teresa warnte davor, die Wohnungen buchstäblich aufzufassen. Es sind Bilder, die aus ihrem Inneren aufsteigen, und der Leser, die Leserin sind frei, sich dort einzufinden, wo sie ein Stück ihres Weges zu Gott wiederfinden.

Von der 1. bis 3. Wohnung beschreibt Teresa das aktive, diskursive Beten, von der 4. bis 7. Wohnung das sogenannte passive oder beschauliche (kontemplative) Beten.

Um das Werk vor dem Zugriff der Inquisition zu retten, gab Teresa die Handschrift P. Gracián zur Aufbewahrung, der sie an die Priorin von Sevilla übergab. Gedruckt wurde die „Seelenburg" zum ersten Mal 1588 in der Gesamtausgabe der Schriften Teresas durch Luis de León.

Von einer ganz neuen Seite lernen wir Teresa in ihren Briefen kennen, von denen etwa 450 erhalten sind. Sie zeigen Teresas Realitätsbezogenheit, ihr Stehen mitten im Leben.

Aus der Zeit vor 1561 sind keine Briefe da. Teresa lebte in Avila, und ihre Verwandten waren in der Nähe. Aus der Zeit von 1561 bis 1568 sind nur ganz wenige Briefe erhalten, aus der Zeit zwischen 1568 und 1575 sind es schon 84 Briefe. Teresa wurde damals wegen ihrer Neugründungen in weiteren Kreisen bekannt. Alle übrigen noch erhaltenen Briefe fallen in ihre letzten Lebensjahre von 1576 bis 1582. Das war die Zeit, in der der Kampf um die Reform tobte. Teresa war das Haupt der Reform. In allen Schwierigkeiten wurde sie nicht nur von ihren Schwestern, sondern auch von den Brüdern um Rat gefragt.

Auffallend ist, daß keiner ihrer Briefe an Johannes vom Kreuz oder an Domingo Báñez erhalten ist. Auch von den an Jerónimo Gracián gerichteten Briefen sind nur wenige erhalten geblieben. Besonders in der Zeit des Kampfes um die Reform legte Teresa manchen Empfängerinnen und Empfängern nahe, ihre Briefe nach der Lektüre zu vernichten, um die Reform nicht zu gefährden.

Nachdem Teresa 1622 heiliggesprochen worden war, wollten viele Menschen Reliquien von ihr. Teresas Schwestern wußten nicht um die Kostbarkeit der Briefe und schenkten sie weiter an Klöster oder an Privatpersonen, die Teresa im Leben nahegestanden hatten. Die Briefe Teresas wurden so über ganz Europa zerstreut. Eine größere Anzahl befindet sich jetzt in der Nationalbibliothek in Madrid, wohin sie nach der Aufhebung der Klöster 1834 gebracht worden waren. Eine bedeutende Sammlung von 56 Briefen an Sr. María de San José gibt es im Kloster Valladolid. Ein Rest der Briefe aus der Sammlung von Teresas Bruder, Lorenzo de Cepeda, befindet sich im Kloster S. Ana in Madrid.

Daß die wertvollen Briefzeugnisse Teresas nicht ähnlich rasch veröffentlicht wurden wie ihre sonstigen Werke, hat wohl mehrere Gründe. Teilweise ließ man sich von kleinlichen, heute nicht mehr verständlichen Beweggründen leiten. So fürchtete man beispielsweise, die häufige Verwendung von vertraulichen Ausdrücken Teresas gegenüber Freunden und Verwandten würde bei einer Publikation Anstoß erregen. Ferner wollte man Personen, die in wenig rühmlicher Weise von Teresa erwähnt wurden, nicht öffentlich bloßstellen. Auch wollte man die Richtungskämpfe zwischen den beiden Orden der Karmeliten nicht unnötig wiederaufleben lassen durch scharfe Bemerkungen, die Teresa im Kampf um die Reform gelegentlich gebrauchte.

Dem Geschmack der Zeit entsprechend wurden im Jahre 1658 in Saragossa 65 Briefe Teresas veröffentlicht. Die Auswahl geschah nicht in chronologischer Reihenfolge, sondern entsprechend der sozialen Stände. Die Sammlung begann mit einem Brief an König Philipp II., dann kamen Briefe an Prälaten und vornehme Persönlichkeiten, dann an Ordensleute und Doktoren der Theologie, erst am Schluß kamen Briefe an ihre geistlichen Schwestern. Man ging auch mit den Texten ganz unbekümmert um, verstümmelte sie oder setzte unechte Briefe ein.

Eine erste Gesamtausgabe von 403 Briefen Teresas erfolgte erst 1862 durch Vicente de la Fuente. Sie wurde − mit ihren Mängeln − durch Übersetzungen in mehrere Sprachen weit verbreitet. Eine neue Ausgabe in 3 Bänden erfolgte 1922-1924 durch P. Silverio de Santa Teresa. Auf dieser Ausgabe fußen die 2 Bände der Briefe in der deutschen Ausgabe der sämtlichen Schriften Teresas, die die Briefe in chronologischer Folge bringt und mit Nummern durchzählt.

Die Briefe zeigen Teresa, wie sie menschlich wirklich war, ohne den Heiligenschein, der ihr jahrhundertelang aufgesetzt wurde. Sie sprühen von geistreichen Sentenzen, gelungenen Scherzen, geschäftstüchtigem Kalkulieren, boshaften Bemerkungen und immer wieder von hingebungsvollem Einsatz für die Menschen.

Weg nach innen

Der Weg zu Gott über die Geschöpfe schmeckt den Menschen von heute nicht mehr. Sie suchen den Weg zu Gott über das Ich, über die meditierende Versenkung. Damit sind sie Augustinus wieder nahe, der gesagt hat: „Gott ist unserem Selbst näher, als wir selbst es sind."

Hugo Enomiya-Lassalle SJ

Zum Verständnis der Schriften Teresas ist es wichtig, die zeitlosen und immer gültigen Aussagen zu bevorzugen und jene Formulierungen, die durch die Kultur und den Frömmigkeitsstil ihrer Zeit geprägt sind, zurückzustellen. Ohne wissenschaftliche Schulung schrieb sie aus der Spontaneität ihrer religiösen Erfahrung und psychologischen Begabung heraus die Phänomene des Erlebten nieder. Ähnlich wie Johannes vom Kreuz sieht sie die Nachfolge Christi im Bild eines Weges. Während Johannes, in der Schule Dionysius' des Areopagiten, von einer Bergbesteigung spricht, die den Menschen zum letzten Ziel seiner Bestimmung führt, geht bei Teresa der Weg nach innen, zum Zentrum der Seele, zu Gott, der wie eine Sonne im Mittelpunkt der Seele weilt und sie, die im Bild des Kristalls (= Burg mit sieben Wohnungen) gesehen wird, mit seinem Licht erleuchtet.

Teresa hat erkannt, daß in der Seele des Menschen ein Verlangen nach Wahrheit lebt, eine Frage nach dem Sinn des Lebens, die Antwort fordert. Die Antwort wurde ihr im Maße ihrer Liebe zu Gott und zum Mitmenschen zuteil. Sie hatte erfahren, daß alle Wege nach außen fruchtlos bleiben, wenn der Mensch sein eigenes Inneres nicht versteht. „Kann es etwas Schlimmeres geben", fragt sie, „als daß wir uns in unserem eigenen Haus nicht zurechtfinden? Wie können wir

...ren Häusern Ruhe zu finden, wenn wir sie im
...zu finden vermögen?"[48]

...f des Atheismus ist Teresa unbekannt, nicht aber
...der Selbstentfremdung, der falschen Selbstverges-
...er Seele, die lebt, als gäbe es Gott nicht, was ei-
...ischen Atheismus gleichkommt. Sie ist erschüttert,
daß der Mensch, in eigenartiger Verkennung seiner Würde,
weder von Gott noch von seiner Seele etwas wissen will. In
unbegreiflicher Trägheit gibt er sich mit den äußeren Dingen
(= Ringmauer der Burg) zufrieden, ohne die Herrlichkeit
Gottes noch die Schönheit und Größe seiner Seele zu bedenken.

„Nicht wenig Elend und Verwirrung kommen daher, daß
wir durch eigene Schuld uns selber nicht verstehen und nicht
wissen, wer wir sind. Ist dies nicht eine schreckliche Unwis-
senheit …, wenn jemand keine Antwort wüßte auf die Frage,
wer er ist, wer seine Eltern sind und aus welchem Lande er
stammt? Wäre dies schon ein Zeichen groben Unverstands,
so herrschte in uns ein noch unvergleichlich schlimmerer
Stumpfsinn, wenn wir uns nicht darum kümmerten zu erfahren, was wir sind, sondern uns mit dem Körper zufriedengä-
ben und nur so obenhin, vom Hörensagen, weil der Glaube
es uns lehrt, davon wüßten, daß wir eine Seele haben. Aber
welche Güter diese Seele in sich birgt, wer in ihr wohnt und
welch großen Wert sie hat, das bedenken wir selten, und darum ist man so wenig darauf bedacht, ihre Schönheit mit aller
Sorgfalt zu bewahren. All unsere Achtsamkeit gilt der rohen
Einfassung, der Ringmauer dieser Burg, das heißt, dem Körper."[49]

Teresa wird nicht müde, in Bildern (Durchschreiten der
einzelnen Seelenwohnungen) oder Vergleichen aus dem Neu-
en Testament dem Menschen seine Selbstentfremdung, seine
Blindheit und Krankheit vor Augen zu halten und ihn aufzufordern, den Weg zur Heimkehr, der von außen nach innen
führt, anzutreten. Sie ist sich dabei der Hinfälligkeit ihrer

Bilder sehr wohl bewußt. Es geht ihr auch nicht um das Bild, sondern um die Wirklichkeit, die schrecklicher ist (in der Selbstentfremdung) und schöner (in der Heimkehr zu sich selbst), als das Bild dies je darstellen könnte. Wie sehr sie sich der Unvollkommenheit des Bildes bewußt ist, geht aus folgenden Worten hervor: „Es scheint, als sagte ich einen Unsinn; denn wenn diese Burg die Seele ist, so ist doch klar, daß man nicht hineingehen muß, da man selbst die Burg ist. Genauso ungereimt erschiene es, wenn man jemandem sagte, er möge in ein Zimmer gehen, in dem er sich bereits befindet. Doch ihr müßt verstehen, daß zwischen Darinnensein und Darinnensein ein großer Unterschied besteht."[50]

Teresa hat ein Gespür für die Stufenordnung geistiger Werte. Sie weiß, daß der Mensch kraft seines eigenen Willens sich Gott nähern oder sich ihm gegenüber verschließen kann.

„Ein großer Gelehrter sagte mir kürzlich, die Seelen ohne Gebet glichen einem gelähmten, bewegungsunfähigen Körper, der zwar Hände und Füße besitze, ihnen aber nicht gebieten könne. Und wahrlich, so ist es. Es gibt Seelen, die so krank sind, die sich so daran gewöhnt haben, in äußeren Dingen befangen zu sein, daß es völlig undenkbar erscheint, sie könnten jemals in sich gehen."[51]

Selbsterkenntnis, Eingestehen der eigenen Bedürftigkeit, des eigenen Elends, sind unerläßliche Voraussetzungen, wahrhaft Mensch zu werden. Die furchtbarste Krankheit des Menschen besteht für Teresa darin, nicht mehr nach dem Sinn des Seins zu fragen, unfähig zu werden für den Gang nach innen.

Bei der Darlegung ihres Weges zu Gott tritt bei Teresa die menschliche Seite so sehr in den Vordergrund, daß man von ihr sagen konnte, „sie habe unter den christlichen Mystikern das Verdienst, die Seele (wieder) entdeckt zu haben".[52] In unserer Zeit, die den Geist als höchste Evolution der Materie auffassen will und das Prinzip der Einzelseele — vom Geheimnischarakter der Geistseele ganz zu schweigen — vernachlässigt, kann uns die Erforschung des Begriffs Seele bei Teresa zu einer tieferen Selbst- und Gotteserkenntnis führen. Zumindest kann man sich der glaubhaften Darstellung von Bewußtseinsvorgängen und geistigen Erfahrungen, die die Person des Menschen übersteigen, nicht verschließen. In Übereinstimmung mit Augustinus sieht Teresa nicht nur die Phänomene, die Oberfläche des Seelenlebens, sondern ihre Kräfte: Verstand, Wille, Gedächtnis, ja ihr Wesen selbst.

Zum Bild der Burg, das Teresa für die Seele verwendet, wurde sie zweifellos angeregt durch den Anblick der festen, wohlbewehrten Burgen ihrer Zeit. Ist uns auch dieses Bild heute fremd, so können wir doch verstehen, daß Teresa der Seele die Wesenszüge der Festigkeit, der Unveränderlichkeit und der Beständigkeit zuschreiben wollte. Die Burg besteht aus Kristall; damit ist das Lichthafte, der Charakter der Durchlässigkeit der Geistseele für das göttliche Licht ausgesprochen.

Während bei Teresa wie bei Johannes vom Kreuz bei der Abfassung ihrer Schriften praktisch-aszetische Gesichtspunkte im Vordergrund standen, interessiert uns heute der Grundriß der Seele, der in ihrer Lehre sichtbar wird. Der Begriff Seele bei Teresa und Johannes meint das, was wir heute „Mensch", „Menschsein" im Vollsinn des Wortes nennen. Beide verstanden unter „Seele" zumindest nichts Spiritualistisches, Schemenhaftes, das wir so gerne diesem Begriff beimessen, in berechtigter Ablehnung der dualistischen Auffassung von Leib-Seele.

Teresa warnt uns in der „Inneren Burg", wir sollten nicht — getäuscht von den Schleiern der Vorurteile, die uns das Licht des Kristalls verbergen — nur Dunkelheit und Nichts in unserem Innern annehmen. „Ich finde nichts", schreibt sie, „mit dem sich die große Schönheit einer Seele, ihre Weite und ihre hohe Befähigung vergleichen ließen. Und wirklich, unsere Einsicht und unser Verstand — so scharfsinnig sie sein mögen − reichen kaum aus, sie zu begreifen, genauso wenig, wie sie Gott sich auszudenken vermögen."[53]

Teresas Bemühen geht dahin, den Menschen aus dem Zustand seiner Verfallenheit an die Unwahrheit, an das Nichts herauszuholen und ihn aufzufordern, seine Handlungen in der Spannungseinheit zwischen Innen und Außen, vom Innersten der Seele, vom Geist her, zu bestimmen. Sie war sich des Gegensatzes bewußt, daß die Seele einerseits die innerste Mitte der Person ist, andererseits aber vom Menschen verlangt wird, vom Äußersten seiner Seele bis zu ihrem Mittelpunkt vorzudringen. Sie erklärt den Unterschied zwischen den verschiedenen Formen des „Darinnenseins" nicht näher.

Edith Stein versuchte, diesen „Gang von außen bis zum Innersten" verständlicher zu machen, indem sie in ihrem Buch „Kreuzeswissenschaft" zwischen dem beweglichen Ich und dem unbeweglichen Mittelpunkt der Seele unterschied. Wo das Ich steht, leuchtet jeweils das Licht des Bewußtseins auf. Immer wieder wird das Ich zum Mittelpunkt gerufen, wo der Mensch als freie Person seine Entscheidungen fällt. Der Mittelpunkt der Seele ist nicht nur der Ort mystischer Vereinigung mit Gott, sondern von ihm her ergeht auch die Stimme des Gewissens.

Teresa betont, daß der Mensch von der Mitte der Seele her leben kann, ohne mit einer besonderen Erfahrung der Nähe Gottes begnadet zu sein. „Es ist klar, daß die höchste Vollkommenheit nicht in inneren Tröstungen und großen Verzückungen noch in Visionen und dem Geist der Weissagung besteht, sondern in einer Übereinstimmung unseres Willens mit dem göttlichen, so daß wir fröhlich Schmackhaftes wie Bitteres annehmen."[54]

Nicht die mystische Erfahrung, sondern die freie Hingabe des menschlichen Willens an Gott ist nach Teresas Ansicht das Kriterium wahrer Heiligkeit. Sie hat große Ehrfurcht vor der Würde der Seele und ihrer Partnerschaft mit Gott. Hingabe des Willens lähmt nicht die Freiheit und Eigenständigkeit des Menschen, sondern vollendet sie. „Die Dinge der Seele muß man sich immer in Fülle und Weite und Größe denken. Damit erhöht man sie keineswegs. Die Seele vermag viel mehr, als wir uns vorstellen können, und ist überall durchdrungen von der Sonne (= Gott), die in diesem Palaste strahlt."[55]

Der Gang nach innen ist nichts Gewaltsames; die Kräfte der Seele müssen sanft geleitet werden. „Sehr wichtig für jede Seele, die sich — viel oder wenig — dem Gebet widmet, ist es, daß man sie nicht in einen Winkel pfercht oder einengt. Man lasse sie durch all diese Wohnungen (= verschiedene Seelenbereiche) wandeln, aufwärts und abwärts und nach den Seiten hin; denn Gott hat ihr eine so große Würde verliehen. Auch dränge man sie nicht dazu, lange Zeit in einem einzigen Gemach zu bleiben, nicht einmal in dem der Selbsterkenntnis."[56]

Die Freiheit regt den Menschen an, immer tiefer in sein eigenes Geheimnis vorzudringen. Je mehr er aus eigener Erfahrung erkennt, desto unbegreiflicher wird für ihn das Mysterium der Transzendenz Gottes. Teresa gesteht, daß sie trotz ihres Erkennens nicht versteht. Sie weiß nur, daß ihr Herz sich weitet, je näher es der Schau Gottes kommt.

Über das Weitwerden des Herzens sagt sie: „Ich habe den Eindruck, daß es etwas ist, das nicht im Herzen entspringt, sondern anderswo, noch weiter innen, wie aus einer Tiefe. Ich nehme an, daß es im Zentrum der Seele sein muß ... Denn wahrlich, ich sehe Geheimnisse in uns selbst, die mich oft erschreckt haben ... Wir laufen hier herum wie dumme Hirtenjungen. Wir meinen, wir erfassen etwas von dir, und dabei ist es gewiß soviel wie nichts; denn in uns selbst sind große Geheimnisse, die wir nicht verstehen."[57]

Nach Teresa kann der Mensch schon in diesem Leben Gott schauen. Sie verwendet verschiedene Begriffe für diese Schau, zum Beispiel Gebet der Ruhe, Beschauung, Seligkeit, übernatürliche Sammlung, Berührung Gottes. Jeder, der den

Weg nach innen einschlägt, verlangt im Grunde nach dieser Erfahrung. Im gleichen Maße, wie der heutige, zu Sachlichkeit und Nüchternheit neigende Mensch alles Beiwerk, alle sentimentale Überladung des Religiösen ablehnt, hungert er nach dieser letzten, von allen Randphänomenen befreiten Vereinigung mit Gott.

Wenn Paulus sagt, daß unser Leben mit Christus in Gott verborgen ist (Kol 3,3) und somit das gotterfüllte Tun eines Menschen äußerlich nicht immer erkannt wird, so gilt auch, daß das Leben mit Gott den ganzen Menschen von innen her durchstrahlen muß. Die „Schau" Gottes auf Erden muß sichtbar werden in Werken der Liebe und in der seinsmäßigen Verwandlung des Menschen. Dies ist nicht nur eine Forderung christlicher Mystik, sondern der Mystik aller Religionen. „Nur mit Gebet und Beschauung könnt ihr euer Fundament nicht legen. Wenn ihr nicht nach Tugenden trachtet und euch nicht tätig darin übt, werdet ihr immer Zwerge bleiben. Ja, Gott gebe, daß dann das Wachsen nicht mehr stockt; denn ihr wißt doch, wer nicht wächst, schrumpft ein. Ich halte es für unmöglich, daß die Liebe sich damit begnügt, auf der Stelle zu treten."[58] Der Schau Gottes müssen „Werke" entspringen, immer neue Werke im Dienst am Nächsten.

Von der vierten Seelenwohnung an beginnt Teresa, das geheimnisvolle Leben der Seele mit Gott näher zu erklären. Sie unterscheidet zwischen den natürlichen Freuden der Betrachtung, die in der Seele beginnen und in Gott enden, und den übernatürlichen Freuden, die von Gott ausgehen, die Seele berühren und sie in unaussprechliche Seligkeit versetzen. „Das große Entzücken, welches da die Seele empfindet, besteht darin, daß sie erkennt, wie nahe sie bei Gott ist ... Was wir im Glauben festhalten, erkennt die Seele dort − so können wir sagen − im Schauen, obwohl dies kein Schauen mit den Augen des Körpers oder der Seele ist."[59] Teresa versucht zu zeigen, daß ihr beim Gang nach innen etwas begegnet ist, das nicht aus ihr selbst stammen kann.

Dieses ihr Zukommende, sie Umfassende erfährt sie im Glauben an Christus als Gott, der sie mit dem Geist seiner Liebe durchdringt. Im Gegensatz zu mittelalterlichen und auch asiatischen Meditationsmethoden betont sie, daß das Einstellen der Verstandestätigkeit nur dann gut sei, wenn Gott selbst das Denken außer Kraft setze. Wenn er „noch nicht begonnen hat, uns an sich zu ziehen, so weiß ich ... nicht recht, wie wir dem Denken Einhalt gebieten könnten, ohne daß dies uns mehr schadete als nützte".[60] Teresa bezeugt ihre Ehrfurcht vor der Eigentätigkeit der Seele einerseits und dem Eingreifen Gottes andererseits. Nur die Liebe darf den Menschen der Vernunft entreißen, das heißt, ihn über seine eigenen Einsichten erheben und ihn aus dem Schneckengang seines begrenzten Tuns herausholen. Teresa haßt das langsame und ängstliche Zu-Gott-Gehen. Die Liebe hat es eilig, an ihr Ziel zu kommen. „Ich wollte", klagt sie, „wir hätten sie, damit wir uns nicht begnügen, auf diese Weise Gott zu dienen: immer langsam, Schrittchen um Schrittchen; denn so nimmt der Weg für uns nie ein Ende ... Meint ihr ... wenn wir den Weg von einem Land in ein anderes in acht Tagen zurücklegen könnten, daß es dann gut wäre, wenn wir uns ein Jahr lang in Schenken, in Schnee und Regen und auf schlechten Straßen herumtreiben würden? Wäre es nicht besser, es auf einmal hinter sich zu bringen?"[61]

Einwohnung Gottes und Selbstbesitz der Seele gehören für Teresa zusammen. Im Unterschied zu Johannes vom Kreuz geht sie stärker den Weg der positiven Theologie. Das heißt, sie sieht nicht zuerst die Unähnlichkeit der geschaffenen Dinge mit ihrem Schöpfer, sondern die Ähnlichkeit. Sie vergleicht Gott mit der Sonne oder dem Licht, seine Gnaden mit dem Element des Wassers. Die Seele ist für sie wie ein lichtdurchlässiger Kristall, und Landschaften, Blumen und Wohlgerüche erinnern sie an die Herrlichkeit des Unsichtbaren. Auch der Mensch unserer Tage kann durch Teresas Betrachtungen angeregt werden, seine innere Welt zu transzendieren im Vertrauen darauf, daß seine Seele zu Tieferem bestimmt ist als nur zum Sichtbaren. Wenn er dieses ihn übersteigende Geheimnis als persönlichen Gott erfährt, wird er erkennen, daß die Nähe zu Gott den Menschen gleichzeitig am tiefsten bei sich selbst sein läßt.

Jesus Christus
Mitte der Botschaft Teresas

Wir kommen nicht nur durch eigene Daseinserfahrung zu Gott als der persönlichen Tiefe unseres menschlichen Daseins; wir kommen zu dieser Erfahrung und zu ihrer Benennung auch durch unser Vertrauen auf das Licht, welches Jesus ist.

Fons D'Hoogh

Heute spricht man oft von ausdrücklichem und anonymem Christentum. Durch die „viel unbefangenere Hinwendung" der Kirche zu den nichtchristlichen Religionen, wie Karl Rahner sagte, entdeckt die christliche Theologie stärker als früher das Gnadenwirken Gottes auch außerhalb der sichtbaren Kirche. Dies ist zweifellos ein Fortschritt, der viel Enge und Selbstgerechtigkeit, die sich, im Gegensatz zum Geiste Christi, immer wieder in der Praxis des kirchlichen Raumes entwickelten, überwinden hilft. Wir kennen das Gleichnis Jesu vom guten Samariter (Lk 10,25-37) und sein Gespräch mit der Frau am Jakobsbrunnen (Joh 4,1-42). Hier zeigt Jesus seinen Heilsauftrag für die ganze Welt auch unter der Gestalt des Anonymen. Trotzdem weiß sich Jesus in besonderer Weise zum Volk Israel gesendet, und daran hält er sich genau, wie sein Verhalten gegenüber der kanaanäischen Frau zeigt (Mt 15,21-28; Mk 7,24-30). Stärker denn je sehen wir heute, vor allem im Bereich des Methodischen, Übereinstimmungen zwischen den einzelnen Hochreligionen.

Das Werk Teresas und Johannes' vom Kreuz wäre sehr ergiebig, um Parallelen zwischen Ost und West aufzuzeigen. Die Spiritualität beider stammt ja aus einem Kulturraum, der jüdische und islamische Elemente enthält, und der Karmel kann, bis in Gebräuche hinein, ein echtes Bindeglied zwischen dem Christentum und den östlichen Religionen sein. Wir müssen jedoch klar sehen, daß Teresas und Johannes' Gottsuche im Namen und in der Kraft des Christentums geschehen ist. Beide legen in ihrer mystischen Lehre von Jesus Christus Zeugnis ab.

Autobiographie (Vida)

Mehrere Gründe hatten Teresa bewogen, sich einer klösterlichen Gemeinschaft anzuschließen. Ein gewisser Heilsindividualismus, Furcht vor der Hölle, Verlangen nach ewiger Glückseligkeit − alles typische Züge des Christentums ihrer Zeit. Gleichzeitig kamen aber auch andere Kräfte ins Spiel: das Verlangen, dort zu sein, „wo Gott sie haben wollte", die Freude am Zusammensein mit „Freundinnen", die vom Leben mit Gott erfüllt waren, und das Bewußtsein, aus Liebe Leiden auf sich zu nehmen, weil Christus aus Liebe gelitten hat. Teresa nähert sich in dem Maße Gott, wie die negativen Aspekte der bloßen Heilsangst und der „knechtischen Furcht" dem Verlangen weichen, Christus in ihrem Leben Gestalt werden zu lassen.

Es ist auffallend, daß Teresa Jesus Christus nicht so sehr in seiner göttlichen Würde und Erhabenheit sieht. Vielmehr steht im Mittelpunkt ihres Glaubensringens der *Mensch* Jesus. Der Blick auf seine Ängste und Nöte helfen ihr, das „Entsetzen" zu überwinden, das sie bei dem Gedanken ergreift, in der Jüngerschaft mit dem Herrn „auf Vater, Mutter, Haus und Äcker" verzichten zu müssen, zumal das „Hundertfache" des Lohnes noch aussteht (vgl. Mk 10,29f; Mt 19,29; Lk 18,29f). Die Veränderung der Lebensweise bringt für ihre schwächliche Gesundheit Übelbefinden, ja schwere Krankheit mit sich. Aber sie läßt sich durch keine inneren oder äußeren Widerstände vom einmal eingeschlagenen Weg abhalten. Sie erkennt bald, daß die Situation des

Klosters, in dem sie lebt, für eine Nachfolge Christi, wie sie sie anstrebt, nicht günstig ist. Auch findet sie, außer dem Buch des Franziskaners Osuna über das innere Gebet, keinen geistlichen Lehrmeister, dem sie Fragen stellen oder der ihr Weisung geben könnte. Ganz auf sich gestellt, erfährt sie jedoch großen inneren Frieden und Freude an Gott, so daß sie die Wegrichtung einhält.

Unter „innerlich beten" versteht Teresa, beständig im Bewußtsein der Nähe und Liebe Gottes zu verharren. „Obgleich wir immer vor Gott stehen, tun es − glaube ich − jene, die innerlich beten, in anderer Weise, da sie sich bewußt sind, daß Gott sie sieht. Die andern können einige Tage darauf vergessen."[62] In diesen wenigen Worten liegt die Berufung Teresas. Sie kann sich nicht damit zufriedengeben, nur manchmal an Gott zu denken. Sie weiß auch, daß man nicht ins Kloster gehen muß, um mit Gott in eine dauernde persönliche Beziehung zu treten. Sie weiß aber durch Erfahrung, daß ihr und vielen anderen eine bestimmte Lebensform helfen kann, dieses Leben mit Gott zu führen.

Solange Teresa sich nicht endgültig für Christus entscheidet, lebt sie auch im Kloster „im Kampf und im Streit" mit sich selbst. Das Denken an Christus allein genügt nicht; das Handeln um seinetwillen muß hinzukommen. Hier versagt Teresa. Christus ist nicht ihr ganzer Reichtum; sie hat noch viele Reichtümer neben ihm. „Ich fand weder Freude an Gott noch an der Welt."[63] Teresa will nicht ganz über sich verfügen lassen. Obwohl sie in einem Haus lebt, in dem alles darauf angelegt ist, die Wirklichkeit Gottes ins Bewußtsein zu bringen, hängt sie an ihrem eigenen, ziemlich bequemen Lebensstil. Sie hat Zimmer nach eigenem Geschmack, kann öfter ausgehen, pflegt zahlreiche Freundschaften, ist verhältnismäßig unabhängig, und darum ist sie unglücklich. Sie hält sich wohl an die geistlichen Bücher und an die Gebetszeiten, aber das viele Nachdenken über Himmel und Hölle, über Welt und Gott hindert sie nicht daran, mehr an das Ende der

Gebetszeit zu denken als an deren Verlängerung. Sie tut vie aber diese geistliche Geschäftigkeit in Gespräch und Lektüre erzeugt Geräusch und Traurigkeit in der Seele – und Gott bleibt verborgen. Wahrlich, ein peinlicher Kampf. Die Gottsucherin hat viel aufgegeben, und der Gewinn scheint nicht lohnend. Die große Chance für sie besteht darin, daß sie dieses Ringen ernst nimmt und erkennt, daß sie im Todeskampf liegt mit ihrer falschen Ichbezogenheit.

„Ich verlangte nach Leben – und wie gut sah ich ein, daß ich nicht lebte, sondern mit einem Todesschatten rang. Ich hatte niemand, der mir Leben gegeben hätte, und ich selbst konnte es mir nicht geben."[64] Diese letzte Erkenntnis ist entscheidend. Methode und guter Wille allein reichen nicht aus, um Leben zu bewirken. Die Erfahrung der eigenen Ohnmacht ist notwendig, um die Hilfe „von anderswoher" zu erwarten.

Der Anblick eines Bildes, das Christus von Geißelhieben verwundet darstellt, löste in Teresa eine innere Erschütterung aus. Selbsterkenntnis und Vertrauen auf Gott allein waren die Folge. Die zwanzig Jahre, die seit ihrem Ordenseintritt mit Kämpfen, Siegen und Niederlagen dahingegangen waren, waren eine Vorbereitung auf dieses Ereignis, durch welches das „Leben Gottes" in Teresa zu seiner eigentlichen Entfaltung kam. Teresa wird Werkzeug für eine Wirklichkeit, die sie übersteigt und für die sie von jetzt an nicht nur durch ihr Leben, sondern auch durch ihre Schriften auf Jahrhunderte hinaus Zeugnis ablegen wird. Dieser Neuanfang im Jahre 1554 geht ohne äußere Auffälligkeit vor sich. Er eröffnet die engere Vorbereitung Teresas für ihr Reformwerk, dem sie sich seit 1560 zu widmen beginnt.

Wie Paulus erfährt sie, daß die Kraft in der Schwachheit zur Vollendung kommt (2 Kor 12,9f). „Wie mir scheint, habe ich damals zu ihm (Christus) gesagt, ich würde nicht aufstehen, bis er mein Bitten erhört habe."[65] Teresa berichtet, daß sie nicht nach Tröstungen Ausschau hielt, sondern daß ihr Gebet darin bestand, sich „in der Nähe" des leidenden Christus aufzuhalten. Sie bekennt, daß sie sich bewußt täglich dem sich ängstigenden und verlassenen Christus am Ölberg innerlich „beigesellte". Aus dieser Übung schöpfte sie so großen Gewinn, da sie, ohne es zu wissen, in eine innere personale Beziehung zu Gott eintrat. Teresa erklärt sich, wahrscheinlich aus dem Gefühl eigener Seelenangst und Verlassenheit, solidarisch mit dem leidenden Christus. Dies ist ein charakteristischer Schwerpunkt der teresianischen Reform: Solidarität, die zur „Stellvertretung" wird. Darum überzeugt Teresas Lehre, weil sie bei der Menschheit Jesu und bei seiner Kreuzigung für die andern ihren Ausgang nimmt.

Teresa gründet ihre Klöster nicht, damit einige Menschen, von den Schwierigkeiten des Weltlebens befreit, sich im platonischen Sinne der Betrachtung des „Himmlischen" hingeben. Ihr Leben mit Gott, ihre meditative und personale Einübung ist Tat, ein Tun mit Gott, in Gott, für die andern, die Gottes bedürftig sind. Ihre kleinen Gemeinschaften sollen „Kampftruppen" sein mit Christus als Anführer, um den Geistern der Bosheit, die diese Weltzeit beherrschen, Widerstand zu leisten.

Was uns Teresa in ihrer existentiellen Ausrichtung heute so sympathisch macht, ist die oft von ihr genannte „Unfähigkeit, mit dem Verstande nachsinnen zu können". Es erging ihr wie vielen Menschen des 20. Jahrhunderts, die sich kein Bild über oder von Gott machen, geschweige sich der Betrachtung „himmlischer" Dinge hingeben können. Die von ihr beklagte Unfähigkeit ist damit ein Vorzug, macht sie solidarisch mit uns, zwingt sie, sich in die Gefolgschaft des *Menschen* Jesus zu begeben.

„Ich konnte mir Christus nur als Mensch vorstellen. Es war mir unmöglich, in meinem Innern ein Bild von ihm zu machen — obwohl ich viel über seine Schönheit gelesen oder Bilder von ihm gesehen hatte. Ich war wie ein Blinder, der

im Dunkeln ist und mit einer Person spricht, die bei ihr
…, die er aber nicht sieht."[66]

Ihre Einübung in das Mysterium des Glaubens — denn das
ist Beten eigentlich: im Glauben darauf vertrauen, daß Gott
uns hört, uns antwortet, uns in Liebe umfaßt, auch wenn wir
„im Finstern sind" — macht uns Teresas Lehre vertraut. Im
Glauben zieht Abraham, der Stammvater aller Glaubenden,
aus, nicht im Schauen, und Teresa tut desgleichen. Alles,
was sie im Verlauf ihrer Erfahrungen mit Gott schauen wird,
die mystischen Phänomene, von denen sie auch berichtet,
sind nichts anderes als vorübergehende Hilfen, dieses Leben
aus dem Glauben, dieses Handeln mit dem stellvertretenden,
sühnenden Jesus zu bestehen. Nie trennt sich Teresa vom
Kreuz oder vom Wissen, daß alles, was sie erfährt, ihr im
Glauben geschieht. Wie sie als junges Mädchen den Schmerz
nicht scheute, heimlich das Elternhaus zu verlassen, um Gott
anzuhangen, so wird sie auf ihrem Weg nach innen immer
wieder das Kreuz als das Kriterium der Echtheit ihres „Dienstes der Liebe" umfassen.

Unter Kreuz versteht Teresa die Annahme dessen, was
Gott an Schmerzlichem, Unverstandenem in unserem Alltag
zuläßt, aber auch das freiwillige Aufsichnehmen von Schwierigkeiten und Kämpfen, wenn es der Sache Gottes dient.
Durch das Kreuz Christi gewinnen selbst unbedeutende Leiden des gläubigen Menschen erlösende Kraft, wenn sie aus
Liebe getragen werden. Der Skala Dunkel—Licht auf Teresas
Wanderschaft zu Gott entspricht die Skala Leid—Liebe. Zu
dieser Spannungseinheit muß der Mensch in Freiheit ja sagen, um die Größe seiner Bestimmung zu erreichen.

Es ist nicht leicht, mit Gott umzugehen; dies sagt uns Teresa auf jeder Seite ihres Werks. Die Erlösung in Jesus Christus bedeutet nicht Lebenserleichterung, sondern verlangt den
ganzen Einsatz des Menschen, sich im Glauben der frohen
Botschaft zu öffnen. Teresa räumt auf mit allem kleinlichen
Räsonieren darüber, warum ein aufrichtiger Gottsucher so

zerstreut, ungesammelt und trocken in seiner Hinwendung zu Gott sein könne. Sie rät sogar, das Gebet zu unterlassen, wenn seelische oder körperliche Indisposition die Ursache ist. Gott weiß, sagt sie, daß „wir immer an ihn denken und ihn lieben wollen", aber die Begrenztheit unserer Natur ist oft ein großes Hindernis. Meditieren (was im 16. Jahrhundert über Gott nachdenken bedeutete) ist für sie eine Arbeit, die nützlich ist, solange Gott sie will. Es wäre jedoch verkehrt, wenn wir, an diese Arbeit gewöhnt, nicht mehr fähig wären, „Sonntag zu machen" (haver dia de domingo), das heißt schweigend, ohne viele Worte, bei ihm zu verweilen. Wir würden untauglich für das „Gespräch" mit Gott, da wir immer nur Gebende und nicht Hörende sein wollten. Die Zeit, die wir im Schweigen zu verlieren scheinen, ist nach Teresa ein Gewinn. Wir sollen uns „Christus vor Augen halten, ohne Ermüdung des Verstandes mit ihm sprechen und uns seiner erfreuen".[67]

Teresa verlangt nichts Undurchführbares. Wir sollen mit Christus wie mit einem Freund umgehen, einfach und wahrhaftig. Wenn wir dabei nichts spüren, kein Gefühl der Nähe Gottes empfinden, liegt das vielleicht an unseren allzu vielen Worten, an unserer geringen Bereitschaft, auf den „Freund" zu lauschen. Wissen wir überhaupt, ob Gott uns dieses Gefühl geben will? Gottsuche muß auf Wahrheit gegründet sein. Wahrheit ist ein Lieblingswort Teresas. Häufig sagt sie dafür Demut. Sie ist die Bereitschaft, die Wirklichkeit und das Wirken Gottes so anzunehmen, wie sie sind, und nicht, wie wir sie wünschen.

Die Erfahrungen aller betenden Menschen beweisen, daß sich Gott dem wahrhaft Suchenden nicht unbezeugt läßt. Die Arbeit des Suchens (= Meditation) „ist eine Weise des Betens, mit der alle anfangen, fortfahren und enden müssen. Sie ist ein ausgezeichneter und sicherer Weg, bis der Herr uns zu anderen, übernatürlichen Dingen erhebt".[68] Unter „übernatürlich" versteht Teresa ein Erkennen im Innern der

Seele, das nicht erzwingbar ist. Es ist ein Geschenk, das unsere „normale" Erfahrung übersteigt.

Teresa beschreibt zwei Versuchungen, die im Grunde eine sind. Wir reden uns heute ein, „Freundschaft" mit Christus sei etwas für Unmündige, unrentabel und sentimental, das sich für Erwachsene nicht lohne. Der nüchterne Glaube an die Offenbarung Christi genüge, alles übrige sei „magisches" Herbeiführen besonderer Bewußtseinszustände. Gemäß dem Glaubensgefühl ihrer Zeit sagte Teresa, ihre Sünden erlaubten ihr keine Vertrautheit mit Gott. Für sie, die die ganze Kirche über Sinn und Fruchtbarkeit des Betens belehren sollte, war dies keine geringe Glaubensnot. Jahrelang hatte sie im Kloster der Menschwerdung das stille, freie Gesammeltsein bei Gott unterlassen, aus Angst, unwahrhaftig zu sein. „Dem heiligen Petrus hat (Gott) einmal verziehen, mir aber viele Male ... Wie groß war meine Blindheit! Was dachte ich nur, Herr, als ich ohne dich Heilung suchte? Welche Torheit, das Licht zu fliehen, um immer zu straucheln ... Allmählich fand ich zu mir zurück ..., langsam, fallend und wieder aufstehend, ging ich den Weg (des Gebets) voran ... Wie mir scheint, ist der Verlust des Weges nichts anderes als die Unterlassung des Gebets."[69]

Diese Prüfung, deren Überwindung Teresa charakteristisch als Selbstfindung bezeichnet, geht zusammen mit der anderen, Christus zwar als legitimes „Mittel" der Rückkehr zu sich selbst zu „benutzen", dann aber, wenn dieses Mittel seinen Dienst getan hat, sich seiner zu entledigen, weil die Erfahrung der Unbegreiflichkeit Gottes alles übertreffe. Teresa denkt anders. Die Hinwendung der Gedanken auf Christus ist für sie immer zugleich Eintritt in das personale Handeln des Vaters durch den Sohn im Heiligen Geist. Erwägungen über die irdischen Stationen Jesu können einen echten Betrachtungsstoff bieten. Die Meditation ist jedoch nur sinnvoll, wenn sie übergeht in personales, schweigendes, auf den Herrn schauendes Tun. Mit Christus zu tun haben, sei es auch nur im Nachdenken über seine Menschheit, heißt mit Gott zu tun haben. Jesus Christus ist nie Mittel zur, sondern „Inhalt" der Kontemplation selbst, weil er und der Vater eins sind.

Gibt es auch verschiedene Wege der Meditation, so darf nach Teresa doch das Bedenken der einmaligen Heilstat Gottes im Menschen Jesus nie unterlassen werden. Durch sein Leben und Sterben „kam und kommt uns alles Gute zu".[70]

Im 22. Kapitel ihrer Lebensbeschreibung legt sie, ähnlich wie in der sechsten Seelenwohnung der „Inneren Burg", ihre Auffassung klar dar. „Ich möchte etwas sagen", schreibt sie, „was mir sehr wichtig scheint." Sie erwähnt, daß einige behaupten, je näher die Menschen Gott kämen, um so mehr müßten sie sich „über alles Geschaffene" erheben. „Sie raten ihnen, jede körperliche Vorstellung aufzugeben und nur die Gottheit zu betrachten. Sie sagen, daß bei jenen, die schon vorangeschritten seien, die (Betrachtung der) Menschheit Christi die höchste Kontemplation nur hindere und verwirre." Teresa sagt dazu: „Ich will ihnen nicht widersprechen, denn sie sind Gelehrte und Geistesmänner und wissen, was sie sagen, denn Gott führt die Seelen auf vielen Wegen zu sich. Jetzt will ich aber darlegen, wie er mich geführt hat — in das andere mische ich mich nicht ein — und in welcher Gefahr ich mich befand, als ich mich an das Gelesene halten wollte ... Mir scheint, diese Lehre beruht auf einer Täuschung."[71]

Teresa suchte eine Zeitlang den Gedanken an Christus aufzugeben. Aber das Befolgen der falschen Ratschläge half ihr nicht weiter. Erst die Erfahrung der Nähe Christi ließ sie ihren Irrtum einsehen. „Ist es möglich, mein Herr, daß ich in meinen Gedanken auch nur eine Stunde lang annehmen konnte, du würdest mich an der Erreichung eines höheren Gutes hindern? Woher kamen mir denn alle Güter, wenn nicht durch dich?"[72]

Die inneren Schauungen Jesu Christi, von denen Teresa in

ihren Schriften berichtet, sollten sie vor diesem Irrtum schützen. Im Zeitalter des Illuminatentums und gewisser Formen des Quietismus war sie von der Menschwerdung Gottes überzeugt.

Der Mensch Jesus von Nazareth, der als der Erhöhte beim Vater weilt, ist der Eingang in das Mysterium Gottes. „Ich habe es klar erkannt, daß wir durch diese Pforte (Menschheit Christi) eintreten müssen, wenn wir wollen, daß die höchste Majestät uns große Geheimnisse zeigt."[73] Der Aufstieg zu Gott ohne Christus ist „kein Weg mehr". „Suchen Sie keinen anderen Weg", schreibt sie an P. García de Toledo, „und wären Sie auch auf dem Gipfel der Kontemplation: denn hier geht man sicher."[74] Teresa glaubt, daß es für den Christen ein Unding ist, bei seiner Gottsuche auf die Gefährtenschaft mit Jesus zu verzichten. In der Betrachtungszeit auf das Nachdenken über Jesus und die Glaubensgeheimnisse zu verzichten, wäre für den, der den Weg mit Gott beginnt, nicht angebracht. Er muß zuerst „den Schöpfer in den Geschöpfen suchen. Wie der Herr seine Gnade jeder Seele zuteil werden läßt, so ist es gut. Da mische ich mich nicht ein. Das, was ich zu verstehen geben möchte, ist nur, daß die heiligste Menschheit Christi nicht unter jene Regel (der Betrachtungsgegenstände) fällt" .[75]

Wenn Gott in der Kontemplation die Kräfte der Seele in einen solchen Frieden versetzt, daß sie unfähig wird, an etwas Besonderes zu denken, ist dies seine Sache. „Dann ist die Seele ganz erfüllt von Liebe zu dem, den sie mit ihrem Denken zu erkennen suchte, und sie liebt das, was sie nicht begreift."[76] Ohne den Menschen Jesus verliert der Betende — „in der Luft schwebend" (que es andar el alma en el aire) — den Boden unter den Füßen.

Der Mensch hat eine leibhafte Existenz, und Gott hat dieser Verfassung Rechnung getragen. „Wir sind keine Engel, sondern haben einen Leib. Es wäre unsinnig, aus uns Engel machen zu wollen, die wir auf der Erde sind — und wie sehr haftete ich an der Erde. Gewöhnlich bedarf der Geist einer Stütze, obgleich die Seele auch oft aus sich herausgeht und von Gott so erfüllt ist, daß sie nichts Geschaffenes nötig hat, um sich zu sammeln."[77]

Der Alltag des Menschen bringt Leiden und Kämpfe mit sich. Da ist „Christus ein guter Freund", weil er aus Erfahrung um unsere irdische Existenz weiß.

Zur wahren Gotteserkenntnis gehören Demut und das Bewußtsein des heiligen Petrus, der in der unmittelbaren Nähe des Herrn ausrief: „Geh weg von mir, Herr, denn ich bin ein sündiger Mensch!" (Lk 5,8). Der christliche Mystiker erhebt sich nicht über andere, weil seine Erfahrung Gnade ist, Ausstrahlung des Geistes Gottes. Hier kehren sich die Werte um. Schwäche wird Kraft, und Kraft läßt immer tiefer die eigene Nichtigkeit erkennen. Darum kann Teresa sagen: „Ich habe begriffen, daß Demut die Grundlage des Gebetes ist. Je mehr die Seele sich im Gebet erniedrigt, um so höher erhebt sie Gott."[78] In ihrer Christologie entscheidet nicht Reichtum des Geistes, sondern die Armut, die Jesus seliggepriesen hat. Sie besteht darin, „im Gebet weder Trost noch Freude zu suchen, sondern Trost zu finden in den Mühen, die man aus Liebe (zum Herrn) auf sich nimmt ... Wer so handelt, wird in allen Leiden und Trockenheiten ruhig bleiben."[79]

Teresa ist ein fragender Mensch. In dieser Haltung steht sie zur Kirche und zur Heiligen Schrift. Im Blick auf die Reformation weiß sie um die Gefahr, die eigene Erfahrung der Weisung der Kirche vorzuziehen. Allen privaten Erleuchtungen gegenüber − die eigenen eingeschlossen − ist sie sehr skeptisch und immer darauf bedacht, sie dem Urteil der Schrift oder der Kirche unterzuordnen. Sie strebt nach Wahrheit und ist bereit, sich prüfen zu lassen. „Wie ich es sehe", sagt sie, „und aus Erfahrung weiß, stimmt das, was von Gott kommt, mit der Heiligen Schrift überein."[80]

Weg der Vollkommenheit (Camino de Perfección)

Das Buch „Weg der Vollkommenheit" dient einem anderen Ziel als die Autobiographie. Im Bericht über ihr eigenes Leben sollte Teresa Rechenschaft ablegen über das Wirken Gottes in ihr. Wurden ihre geistlichen Erfahrungen — die sie in den Vorarbeiten zur „Vida" aufgezeichnet hatte — als Trug des Bösen angesehen, so erkannten bald andere Gelehrte, auch solche von der Inquisition, daß diese Erfahrungen nicht auf Täuschung beruhten, sondern — im Gegenteil — den Menschen nützen könnten.

Teresa bekennt, sie habe anfangs nicht die Absicht gehabt, ein strenges und armes Leben in der Nachfolge Christi zu führen. Je mehr aber die Nachrichten von den Umwälzungen der Reformation aus Frankreich und Deutschland nach Spanien drangen, um so mehr wurde ihr die apostolische Wirkkraft ihres kontemplativen Lebens bewußt. Die „Verwüstung" der Kirche ließ sie erkennen, daß Gebet, Vollkommenheit, Freude an Gott nicht Selbstzweck, nicht nur Sorge für das eigene Heil sein dürfen. Die Kirche bedurfte dringend der Hilfe; man mußte etwas für sie tun. „Wie wenn ich etwas vermöchte oder etwas wäre, weinte ich vor dem Herrn und bat ihn, er möge doch ein so großes Übel verhindern. Gerne hätte ich tausend Leben gegeben, um nur eine der vielen Seelen zu retten, die ich verlorengehen sah. Da ich eine Frau war und armselig und nicht fähig, im Dienst des Herrn etwas zu tun, geht bis jetzt mein ganzes Verlangen dahin, daß bei den vielen Feinden Gottes und den wenigen Freunden, die er hat, die Freunde doch gut sein möchten. So entschloß ich mich, das wenige zu tun, das ich vollbringen konnte, nämlich die evangelischen Räte mit aller mir möglichen Vollkommenheit zu beobachten und die wenigen (Schwestern), die hier sind, zum gleichen anzuleiten."[81]

Teresa durchschaute nicht die wahren Gründe der Reformation. Sie sah weniger die Schuld der Kirche als das Handeln der „Verräter", die die Sache Christi zerstörten. Sie hörte von geschändeten Kirchen, von Irrlehren und Widersetzlichkeit gegen den Papst. Daß die „Verräter" auf beiden Seiten wirkten, kam ihr nicht zu Bewußtsein. Diese mangelnde Information tut jedoch ihrer Sendung keinen Abbruch.

Leidenschaftlich ist Teresa darum besorgt, die Wahrheit Christi möge ans Licht kommen, damit die Christen den Herrn nicht „aufs neue kreuzigen". Sie erkennt, daß sich die Situation Jesu immer wiederholt und daß seine Freunde das Werk seiner Liebe und Hingabe stets neu vollziehen müssen. Daß der Wurm auch im eigenen Lager sitzt, sieht sie an der Oberflächlichkeit der Kirchenpraxis, aus der sie ihre Gefährtinnen und Gefährten herausreißen will. Sie ist überzeugt, daß durch die Wirren der Reformation „viele Seelen zugrunde gehen". „O meine Schwestern in Christus, helft mir doch, dies zu erbitten! Dazu hat euch der Herr hier versammelt, dies ist eure Berufung, dies eure Arbeit, dahin sollen eure Wünsche, Tränen und Bitten zielen. Nein, meine Schwestern, nicht die Geschäfte dieser Welt sollen eure Sorge sein. Ich muß lachen und mich auch betrüben über Dinge, für die man uns zu beten heißt."[82]

Eine Wunde wird nicht durch Nachlässigkeit, sondern durch sorgfältige Pflege geheilt. „Die Welt brennt. Man will Christus aufs neue verurteilen und bringt tausend Zeugnisse gegen ihn vor, um seine Kirche dem Erdboden gleichzumachen ... Nein, meine Schwestern, jetzt ist keine Zeit, mit Gott über unwichtige Dinge zu verhandeln!"[83]

Wie ein Feldherr feuert Teresa ihre Schwestern an, aufzuwachen und dem sterbenden Christus, der durch falsche Jünger dem Tode preisgegeben wird, beizustehen. Mut, Entschlossenheit, Tatkraft, auf alles verzichten, was die Anliegen Christi verdunkelt, das sind ihre Forderungen.

Ähnlich, wie Franziskus die im Prunk und Wohlleben zusammenstürzende Kirche des 13. Jahrhunderts stützte und ihr durch seine Armut und Christusnachfolge neues Leben einhauchte, ruft Teresa ihre Schwestern zum Gebetseinsatz für eine Kirche auf, die auseinanderzubrechen droht. Im Blick auf das verweltlichte Papsttum, den Nachfolger Petri, der auf die Jagd reitet und über das Mönchsgezänk in Wittenberg spottet, erkennt man das Gegengewicht in Teresas Auftrag. Sie weiß, daß äußeres Handeln notwendig ist, doch bedarf es einer Kraft von innen, die gelebt werden muß.

Es gibt Augenblicke in der Kirche, in denen das schwankende Schifflein Petri nur durch die Gegenwart Christi im Gleichgewicht gehalten wird. Wie tadelt der Herr die ungläubigen Jünger beim Seesturm (Mk 4,36-41 par.), als sie mehr auf sein Zeichen als auf seine Nähe vertrauen. Sich von der Nähe des Herrn durchdringen lassen, um sie der kranken Kirche mitzuteilen, das ist Teresas Anliegen. Darum kann sie zu ihren Schwestern sagen: „Entschließt euch, meine Töchter, hierher zu kommen, um für Christus zu sterben, und nicht ein bequemes Leben für Christus zu führen."[84]

Ohne den Blick auf Jesus gibt es für sie keine sittliche Vervollkommnung, kein fruchtbares Gemeinschaftsleben. Prüfungen und Kämpfe im Alltag des „Soldaten Christi" sind nichts, verglichen mit der Hingabe des Meisters. „Er wird euch nicht so hart behandeln wie sich selbst. Denn als ein Räuber noch Zeit fand, sich für ihn einzusetzen, hing er bereits am Kreuz."[85]

Die evangelischen Räte der Armut und Ehelosigkeit sind ein Eingehen in die radikale Selbstentäußerung Jesu Christi. Freiheit von sich selbst macht tauglich, die Nöte der andern zu umfassen und die Kirche von innen her zu heilen. Dieses „von innen her" ist Teresas Sendung für die Kirche. Sie ist ein unablässiger Kampf im Einhalten der Marschrichtung: „O Herr! Wie kommt doch aller Schaden davon her, daß wir unsere Augen nicht auf dich richten! Würden wir nur den Weg anschauen, wie rasch kämen wir ans Ziel!"[86]

Die Trägheit der menschlichen Natur, die Schwäche ihrer Ichbezogenheit lassen den Weg, der Jesus ist, nie konform

Verständnis, Gelassenheit
Geduld, urteilslos

erscheinen. Ein echter Jünger Jesu ist Nonkonformist, einer, der mit ihm zum Scheitern bereit ist, wenn es die Wahrheit erfordert. „Nehmt meinen Rat an und bleibt nicht stehen auf dem Weg, sondern kämpft tapfer bis zum Sterben. Denn zu nichts anderem seid ihr hier, als um zu kämpfen."[87]

Die teresianische Botschaft ist in besonderer Weise von zwei Gedanken geprägt: Schauen auf Jesus Christus — Hören auf sein Wort. Teresa gibt der menschlichen Schwachheit die Schuld, daß wir außer dem Wort der Schrift noch anderer Anleitung zum Gespräch mit Gott bedürfen. „Immer ist es gut, wenn ihr euer Gebet auf die Worte gründet, die aus dem Mund des Herrn kamen."[88] Anschauen und miteinander sprechen, das ist die Weise, wie Liebende miteinander umgehen. Aus dem Anführer der Kampftruppe wird der Gefährte, der Weggenosse, der Freund. „Ich bitte euch jetzt nicht, über ihn nachzudenken, noch viele Ideen zu fassen und mit dem Verstand große und schwierige Betrachtungen zu ersinnen. Ich bitte euch nur, ihr möget ihn ansehen. Wer hindert euch denn, die Augen der Seele … auf diesen Herrn zu richten?"[89] Der Freund will alles mit dem Freund teilen und zieht ihn zum Vater: „Denn getrennt von mir könnt ihr nichts tun" (Joh 15,5).

Die innere Burg (Castillo interior) — Siebte Wohnung

Teresa sagt nichts vom Gebet, vom Weg nach innen, ohne sich an Jesus zu wenden oder von ihm zu sprechen. Vielleicht nennt sie ihn in ihrem reifsten Werk „Die innere Burg" am häufigsten, weil sie hier die Umwandlung des Menschen in Christus durch die Erfahrung seiner Nähe beschreiben will. Die Erfahrung der Nähe Gottes ist ein Geschenk, das alle Aufstiege, Freuden und Nöte der Wanderschaft übersteigt. Die natürlichen Kräfte des Menschen sind Strohhalme im Vergleich zur alles verwandelnden göttlichen Kraft.

Hier steht Teresa im Herzen des Evangeliums, denn die

frohe Botschaft Jesu Christi verkündet, daß sich der Mensch nicht selbst erlösen kann. Jesus sagt zu Dirnen und Zöllnern nicht: Ihr müßt euch bessern, dann kann ich euch retten. Seine Gegenwart genügt, die Sünder zu verwandeln, vorausgesetzt, daß sie ihr Elend erkennen.

Zu Beginn der „Inneren Burg" erklärt Teresa: „Wir hören immer, wie gut das Gebet sei; und unsere Regel schreibt uns vor, ihm bestimmte Stunden zu widmen. Doch man erklärt uns nichts, was wir uns nicht selbst erklären können. Und von dem, was der Herr in einer Seele bewirkt − dem Übernatürlichen, das in ihr geschieht −, wird uns wenig gesagt."[90]

Der Mensch verläßt sich gern auf seine eigene Kraft und ahnt nicht, „was Gott denen bereitet hat, die ihn lieben" (1 Kor 2,9). So ist es gut, daß Teresa uns sagt, daß die Burg unserer Seele „ganz innen, in der Mitte all dieser Wohnungen, die allerwichtigste birgt: jene, wo die tief geheimnisvollen Dinge zwischen Gott und der Seele vor sich gehen".[91] Das Innerste des Menschen ist für den Frieden Christi, „der alles Begreifen übersteigt" (Phil 4,7), bestimmt, denn Christus selbst ist „unser Friede" (Eph 2,14). Um dieser Bestimmung willen sollen wir die Geschöpfe „verlassen" und Christus im Innern suchen. „Es ist eine große Hilfe, wenn Gott einem diese Gnade erweist, damit man ihn im Innern suche, wo er besser zu finden ist als in den Geschöpfen und wo die Begegnung uns mehr Nutzen bringt, wie der hl. Augustinus sagt, der ihn fand, nachdem er ihn vielerorts gesucht hatte."[92] „Christus möge uns den Weg weisen und unserer Seele Kräfte verleihen, so daß sie graben kann, bis sie diesen verborgenen Schatz findet, der wirklich und wahrhaftig in uns selber liegt."[93] Was wir tun können − nicht ohne Beistand Gottes −, ist „graben", forschen, entdecken, experimentieren. Teresas eigene Entdeckerfreude liegt in diesen Worten. Haben wir alles getan, was in unserer Macht steht, wird uns die augustinische Erkenntnis zuteil, daß Gott schon

längst in unserem Innern war, ehe wir ihn draußen suchten. Gott wird hier der Seele zur „Gewißheit", zur „Sicherheit", die ihr niemand nehmen kann. Im Innersten des menschlichen Seins schenkt sich Christus dem Menschen „allein in seiner Göttlichkeit. Wie erfassen wir dann, was wir nicht sehen, mit solcher Sicherheit? Das weiß ich nicht. Es ist sein Werk. Doch ich weiß, daß ich die Wahrheit sage. Und wenn jemand danach nicht diese Sicherheit hat, so würde ich sagen, daß es keine Vereinigung der ganzen Seele mit Gott gewesen ist, sondern nur die einer einzelnen Seelenkraft, also eine der vielen anderen Gnaden, die Gott der Seele erweist".[94] In eine endgültige Vereinigung mit Christus können wir „durch eigene Anstrengungen ... nicht hineinkommen. Gott muß uns hineinbringen. Er muß in die Mitte unserer Seele eindringen. Und um uns seine Wunder besser zeigen zu können, will er, daß wir nur mit dem Willen beteiligt sind, der sich ihm völlig ergeben hat, und daß wir ihm nicht die Tür der Seelenkräfte und Sinne öffnen, die alle schlafen. Ganz von sich aus will er in die Mitte der Seele eintreten, so wie er zu seinen Jüngern hereintrat, als er sagte: ‚Pax vobis', nachdem er das Grab verlassen hatte, ohne den Stein zu heben."[95]

Hier geschieht personale Hingabe an Gott, die dem „Geliebten" das „erste Recht" einräumt. Hier bestätigt sich die Lehre Teresas, daß Hingabe an Christus Hingabe an Gott ist, der in ihm unsere Menschheit angenommen und verklärt hat. „Darum wünscht der Herr in seiner Barmherzigkeit, daß die Seele ihn noch mehr erkenne, daß sie − wie man so sagt − Auge in Auge einander begegnen, und vereint sich mit ihr ... Hier gibt es kein anderes Geben und Nehmen als dies, daß die Seele auf eine geheimnisvolle Weise sieht, wer dieser Bräutigam ist ... Das Wesen dieses Bräutigams aber macht es, daß allein dieser Anblick sie ... würdiger werden läßt ... Doch wenn die Seele achtlos wird und ihre Zuneigung auf etwas anderes richtet, so geht ihr alles verloren."[96]

In der siebten Wohnung der „Inneren Burg" wird das zeitweilige Bewußtsein der Nähe Gottes zum dauernden „Besitz". Das Dunkel des Glaubens verwandelt sich in lichtvolles Schauen. Die Botschaft Jesu vom Vater und vom Geist der Liebe enthüllt sich dem Menschen vom Innersten her. „Hier teilen sich (der Seele) alle drei Personen mit, reden zu ihr und erläutern ihr jene Worte des Herrn, die im Evangelium stehen: Er und der Vater und der Heilige Geist würden kommen, um bei der Seele zu wohnen, die ihn liebt und seine Gebote hält. O großer Gott, was für ein Unterschied ist es doch, ob man diese Worte hört und glaubt, oder ob man auf diese Weise begreift, wie wahr sie sind. Und jeden Tag wundert sich die Seele mehr. Denn es scheint ihr, als wichen die drei Personen nie mehr von ihr. Sie sieht vielmehr eindeutig — in der beschriebenen Weise —, daß sie in ihrem Innersten weilen. In der allerinnersten Mitte, ganz unten, in einer Tiefe, die sie nicht beschreiben kann, weil sie unwissend ist."[97]

Diese innerste Mitte nennt Teresa auch „Geist", im Unterschied zur „Seele", worunter sie die Seelenkräfte versteht, die noch leidensfähig sind. „Vielleicht ist es dies", sagt sie, „was der heilige Paulus mit den Worten meint: ‚Wer sich dem Herrn nähert und an ihn sich hängt, der wird eines Geistes mit ihm' ... (1 Kor 6,17). Auch sagt er: ‚Mihi vivere Christus est, mori lucrum' (Phil 1,21). Genau dasselbe kann meiner Meinung nach hier die Seele sprechen."[98] Durch die Wirkung des göttlichen Geistes, die Teresa „geheimes Anhauchen" nennt, wird sich der Mensch bewußt, „daß Gott es ist, der unserer Seele Leben gibt". Jetzt „gibt es keine Trennung mehr, denn immer bleibt die Seele mit ihrem Gott in jener Mitte".[99]

Wenn Teresa das Geheimnis der Verklärung des Menschlichen zu beschreiben versucht, tut sie es in den existentiellen und personalen Kategorien der Schrift. Nie verzichtet sie auf das ausdrückliche Nennen der Person Jesu, der mit dem Vater im Heiligen Geist in der Seele des Menschen Wohnung nimmt (Joh 14,23). Damit sieht sie das Wort des Evangelisten Johannes in seiner ganzen Tiefe, wenn er sagt, daß wir mit Christus zum Vater gehen, um Wohnung bei ihm zu nehmen (14,2-3).

Die Gotteserfahrung des Menschen in der siebten Seelen-Wohnung trübt nicht sein personales Eigensein. Immer bleibt Gott der ganz andere und der Mensch sein Geschöpf. In den Prüfungen dieses Lebens erfährt der Mensch seine Ohnmacht nach wie vor, weil Gott will, „daß die Seele ihr eigenes Wesen nicht vergißt".[100] Aber die Leiden und Beunruhigungen haben keinen Einfluß auf die innerste Mitte des Menschen. „Was den Aufenthalt in dieser Wohnung von dem Leben in den anderen unterscheidet, ist ..., daß es hier fast nie eine Dürre oder innere Wirren gibt, wie sie in allen anderen zuweilen auftraten, sondern die Seele so gut wie immer in Ruhe lebt ... Alles, was der Herr hier zum Wohl der Seele tut und was er ihr zeigt, geschieht in solcher Ruhe ... völlig lautlos ... in dieser seiner eigenen Wohnung, wo er und die Seele sich aneinander in tiefster Stille erfreuen. Da ist kein Grund zur Geschäftigkeit, und der Verstand hat hier nichts zu suchen. Der Herr, der ihn schuf, will ihn hier ruhen lassen, und nur durch einen kleinen Spalt soll er sehen, was da geschieht."[101]

Die Struktur des Menschen begrenzt seine Schau, und immer bleibt er frei, zum Angebot Gottes auch nein zu sagen. Der empfangene Friede aber läßt ihn nicht vergessen, in welch „wunderbares Licht" (1 Petr 2,9) der Herr ihn rief. Die „göttliche Gegenwart, in der die Seele sich hier fühlt, ist allerdings nicht so unmittelbar, das heißt: nicht immer so klar, wie sie sich beim ersten Male offenbart ... Wäre dies so, könnte sie unmöglich auf etwas anderes achten oder auch nur unter den Leuten leben. Zeigt sie sich ihr auch nicht in so klarem Licht, findet sich die Seele aber doch immer, wenn sie darauf achtet, in dieser Nähe. Mit anderen Worten: Es geht ihr wie jemandem, der mit anderen in einem sehr hellen Raume ist, wo plötzlich die Fenster geschlossen werden, so daß er im Dunkeln steht. Auch wenn das Licht verschwunden ist und er die anderen nicht erblicken kann, bevor das Licht wieder erscheint, weiß er doch noch immer, daß sie zugegen sind. Man wird nun fragen, ob die Seele selber nach eigenem Belieben bewirken kann, daß das Licht zurückkehrt und sie die Gefährten sieht. Aber das liegt nicht in ihrer Macht, und es geschieht nur, wenn es der Wille unseres Herrn ist, daß das Fenster der Erkenntnis sich auftut. Doch er erweist ihr schon damit eine große Barmherzigkeit, daß er sie nicht verläßt und ständig dafür sorgt, daß sie dies so deutlich wahrnimmt."[102] Die Erfahrung des Friedens bewirkt, daß das „Wesentliche" der Seele „trotz aller Plagen und Mühen ... niemals dieses (innerste) Gemach verläßt".[103] Um in die Mitte des Menschen einzutreten, bedarf Gott „keiner Türe ... Ich sage, er brauche keine Türe, weil er bei allem, wovon wir bisher sprachen, durch das Medium der Sinne und Fähigkeiten zu uns kommt. Was sich aber bei der Vereinigung ... ereignet, ist völlig anderer Art ... Es läßt sich nichts weiter davon sagen, als daß die Seele, ich meine: der Geist dieser Seele − soweit man dies verstehen kann − eins geworden ist mit Gott ... Das Entzücken, das die Seele dabei empfindet, ist so übermächtig, daß ich es mit nichts anderem vergleichen kann als mit der Seligkeit im Himmel, die der Herr ihr durch diesen Augenblick offenbaren will ... Da auch er Geist ist, hat seine Majestät die Liebe offenbaren wollen, die er für uns hegt, indem er einigen Menschen zu verstehen gibt, wie weit diese Liebe reicht, auf daß wir seine Größe rühmen."[104]

Die Erfahrung der Liebe dient nicht der Selbstbefriedigung, sondern dem rastlosen Einsatz im Dienste Jesu Christi. Die Finsternis dieser Weltzeit ist nichts im Vergleich zur „Sonne" Gottes, „aus der ein großes Licht kommt, das den Fähigkeiten gesandt wird aus dem Inneren der Seele. Diese bewegt sich − wie gesagt − nicht aus jener Mitte, und der

Friede geht ihr nicht verloren; denn derselbe, der ihn den Aposteln schenkte, als sie beieinander waren, kann ihn ihr gewähren".[105]

Christus will „uns mit sich selber erfüllen", damit wir sein Werk fortsetzen. Teresa zitiert das Hohepriesterliche Gebet Jesu: „Ich bitte nicht nur für sie, sondern auch für all die anderen, die an mich glauben werden ... Ich bin in ihnen" (Joh 17,20.23).[106] Sinn dieses Betens ist, daß ihm „immerfort Werke entsprießen".[107] Aus den „Wirkungen", die der Friede schenkt, erwächst dem Menschen die Kraft, den Auftrag Christi fortzusetzen.

Teresa beschreibt die höchsten Erhebungen des Geistes, ohne den Boden der Wirklichkeit zu verlieren. Ihre Mystik ist glaubwürdig, weil sie die Situation des Menschen realistisch sieht. Die Früchte des Immer-beim-Herrn-Seins sind: Selbstvergessenheit, Hingabe an den Mitmenschen, Verlangen, für Gott zu wirken, Umfassen des Kreuzes. Die paulinischen Worte „Was willst du, Herr, daß ich tun soll?" (Apg 22,10)[108] werden Grundhaltung der Seele. Der Mensch, der die teresianische Botschaft zu leben beginnt, muß wach und bereit sein, das „göttliche Licht" zu empfangen und nicht „zu hemmen".

Während das „Empfangen" die Eigentätigkeit der Seele zunächst aufhebt, bewirkt die Umwandlung der Seele in Jesus Christus eine neue, viel intensivere, weil gereinigte Tätigkeit der seelischen Fähigkeiten. „Es ist etwas, das nicht zu begreifen ist; denn die Seele hat nichts von sich aus dazu getan. Dieses Erlebnis widerfährt einem so häufig, ja es ist etwas so Gewöhnliches, daß es genau zu beobachten war. Ein großes Feuer lodert nicht nach unten, sondern nach oben, so stark man es auch entfachen mag, und genau so ist es hier: man erkennt, daß diese innerliche Bewegung aus der Mitte der Seele kommt und die Fähigkeiten weckt ..."[109] „O meine Schwestern, wie wenig wird die Seele, von der Gott in solch besonderer Weise Besitz ergriffen hat, noch an ihre eigene

Ruhe denken; wie gering wird sie alle Ehre achten, und wie
fern wird es ihr liegen, etwas gelten zu wollen ..."[110] „Es ist
mein Wunsch, Schwestern, daß wir danach streben, so weit
zu gelangen, und dies nicht, um zu genießen. Nein, wir wollen es herbeisehnen und uns dem Gebet hingeben, um diese
Kräfte für den Dienst zu empfangen."[111]

Dienst und Einsatz schließen auch Schwierigkeiten, das
heißt Kreuz in sich. Dieses Kreuz trägt der Mensch „lobprei-
send" in der Kraft Christi. „Wenn David sagt, daß wir mit
den Heiligen heilig sein werden, so ist nicht daran zu zweifeln, daß die Seele, wenn sie eins geworden ist mit dem Starken, durch diese erhabene Vereinigung von Geist mit Geist
es erfahren wird, wie Stärke auf sie übergeht. Und so gewah-
ren wir, woher die Heiligen die Kraft zum Leiden und zum
Sterben empfingen."[112]

Die innere Ruhe, in die der Mensch durch Gottes Kraft ge-
langt, ist eine Quelle unaufhörlicher schöpferischer Fruchtbarkeit. Wo dieser Mensch auch wirkt, werden andere den
Segen Gottes durch ihn empfangen. Er wird hungern und
dürsten nach Wahrheit, Gerechtigkeit und Liebe. Im Blick
auf die großen Zeugen Christi, in deren Chor Teresa selbst
steht, ruft sie aus: „Daher kommt jener Hunger, der unseren
Vater Elias verzehrte, der Hunger nach der Ehre seines Gottes, und jener Eifer, der den heiligen Dominikus und den
heiligen Franziskus antrieb, Seelen zu sammeln für den Lobpreis Gottes. Ihr dürft mir glauben: indem sie so sich selber
vergaßen, hatten sie gewiß nicht wenig auszustehen."[113]
Kreuz und Tod erschüttern den Menschen, der in sich, in der
innersten Mitte seines Seins, seinen Ruheort gefunden hat,
nicht mehr. Denn „habt ihr einmal die Freuden dieser Burg
erfahren, werdet ihr in allen Dingen Ruhe finden − seien sie
auch voller Qual und Mühe − aus der Hoffnung, daß ihr
dorthin zurückkehren könnt. Diese Hoffnung kann euch niemand rauben".[114]

Gespräch mit Gott?

Einübung ins Beten ist Einübung ins Hö-
ren ... In diesem Sinne kann ... das Ge-
bet „Gespräch" mit Gott (sein) — nicht
weil Gott konkret und detailliert ant-
wortet, sondern weil unser Gebet Ant-
wort an Gott ist, der unser ganzes Leben
anredet.

Otto Hermann Pesch

Das Beten scheint vielfach eine Frage geworden zu sein. Lieber sprechen wir heute vom Dialog, von Mitmenschlichkeit.
Wir meinen, wenn wir viel miteinander reden, wüßten wir
schon, was ein Gespräch ist. Zumindest müßte man zum Reden einen sichtbaren Partner vor sich haben. Gott könnten
wir doch nicht „unmittelbar" erreichen, und seine Antwort
sei eine unsichere Angelegenheit. Während die einen viel
„Lärm" machen und traditionelle Gebetsübungen, die Stille
und Disziplin verlangen, aufgeben, haben in der Bundesrepu-
blik Deutschland schon vor Jahren 750.000 Menschen täglich
mindestens eine halbe Stunde Zen-Meditation geübt.[115] Das
Verlangen nach Stille, nach Einkehr in sich selbst scheint un-
überwindlich.

Nicht ohne Grund lesen viele Menschen unserer Zeit die
Schriften der Heiligen oder Mystiker mit Interesse, weil sie
hier eine Einheit sehen, die sie im Sog der widerstreitenden
Meinungen so wenig finden. Der Mensch des technischen
Zeitalters braucht den Mystiker, das heißt den ganzen und
heilen Menschen, der es verstanden hat, die Botschaft Christi
in sein Leben zu integrieren. Wenn wir daraufhin Teresa von
Avila befragen, was sie über das Gespräch mit Gott denkt, so
würde sie uns erstaunlicherweise antworten, es falle bestimmt nicht vom Himmel. Es ist nämlich ein Irrtum anzu-

nehmen, Dialogfreudigkeit allein mache uns schon fähig, mit Gott oder mit den Menschen ein Gespräch zu führen.

Begabung zum Reden ist nicht ausreichend, um zu verstehen, worum es bei einem Gespräch geht. Dies hatte Teresa zur Genüge an sich selbst erfahren. Sie, die geistreiche und hingebungsvolle Gesprächspartnerin, blieb unzufrieden, ja unglücklich, so lange sie nicht gelernt hatte, durch das Gespräch mit Gott das Gespräch mit dem Menschen richtig zu führen. Ein echtes Gespräch zu zweit — man kann auch zu zweit Monologe halten — hat, ganz abgesehen von natürlicher Begabung oder Kontaktfähigkeit, gewisse Voraussetzungen.

Im Gegensatz zu Johannes vom Kreuz müht sich Teresa nicht, das Bewußtsein von allen Inhalten zu entleeren. Sie füllt es mit dem „Anschauen" Christi. Der bildlose Weg des Johannes gleicht methodisch mehr dem des Zen. Teresa meditiert bewußt das „Bild" des Jesus von Nazareth. Darin ist sie der Praxis der Ostkirche näher. „Man könnte zunächst vielleicht denken", meinte Karl Rahner, „die radikale ‚Bildlosigkeit' der Gotteserfahrung von Johannes vom Kreuz mache diese für uns zu einer besseren Interpretin unserer heutigen Gotteserfahrung als die unbefangenere visionäre Mystik der heiligen Teresa. Aber wenn man bedenkt, daß der Verlust des Bildes vielleicht heute als Verlust und nicht so sehr als Gewinn zu buchen ist, wenn man sieht, daß entweder unsere Gottesbeziehung heute vielleicht ausdrücklicher als je durch die Beziehung zum konkreten Jesus von Nazareth, zu seinem Leben und Sterben und seinem Verhältnis zum Mitmenschen vermittelt sein muß oder gar nicht mehr sein wird, dann ist es vielleicht doch nicht so selbstverständlich, daß für uns heute Teresa von Avila hinter Johannes vom Kreuz rangieren muß."[116]

Teresa kann all jenen eine Hilfe anbieten, die weder den Weg des Zen gehen können noch mit einem begrifflichen Apparat, der sich auf hohe mystische Erfahrung bezieht, umzugehen wissen. Wenn sie in ihrer Lebensbeschreibung und in der „Inneren Burg" Erlebnisse des Menschen mit Gott schildert, tut sie es recht unsystematisch und spontan. Teresa denkt existentiell. Sie kommt von der Schrift her und liebt besonders die Worte des Johannesevangeliums vom Einssein Jesu mit dem Vater (Kap. 17), vom Wohnungnehmen (14,23) und vom lebenspendenden Wasser (Kap. 4; 7,38), ferner die Paulusworte Phil 1,21 und 1 Kor 6,17. Teresa führt noch viele andere Schriftstellen an. Die eben genannten zeigen jedoch, um was es ihr im Gespräch mit Gott, das heißt im Gebet, geht.

Obwohl Teresa einen kontemplativen Frauenorden gründete, machte sie keinen Unterschied zwischen Menschen, die im oder außerhalb des Klosters Jesus nachzufolgen wünschten. Unter „die Welt verlassen" verstand sie, die ungeordneten Wünsche des eigenen Ichs aufzugeben und ein Leben der Freundschaft mit Gott zu führen. Sie regte Laien und Theologen ihrer Zeit an, ihr Gespräch mit Gott zu überprüfen, wenn nicht überhaupt erst zu beginnen.

Teresa verglich das Nachdenken in der Meditation (Betrachtung) mit dem Herholen von Wasser durch eine Wasserleitung oder mittels eines Schöpfrades aus einem Brunnen. Die Erfahrung der Nähe Gottes in der Kontemplation (Beschauung) sieht sie im Bild des Regens, der in einen Fluß fällt, oder sie gebraucht die Worte Jesu vom Trinken des Wassers (Joh 7,38). Teresa war überzeugt, daß alle Menschen Gott in der Kontemplation erfahren können. Sie weiß aber, daß diese Erfahrung nicht heilsnotwendig ist, da Christus die Erlösung an den Glauben, nicht an das „Schauen", das spürbare Erleben gebunden hat. Wohl müssen alle das Ziel größtmöglicher „Nähe" anstreben, doch wie Gott sich dann enthüllt, ist seine Sache. Diese Nüchternheit des Glaubens, des existentiellen Vollzugs, bringt uns Teresa so nahe. Selbst ihren Schwestern, die dem Gebet mehr Zeit widmen konnten als andere, ruft sie zu: „Es ist überaus wichtig zu begreifen, daß Gott nicht alle den gleichen Weg führt. Wer glaubt, er befinde sich ganz unten, steht vielleicht sehr hoch in den Augen des Herrn. Es ist nicht so, als ob alle, die sich in diesem Haus um das Gebet mühen, auch Kontemplative sein müßten. Das ist unmöglich! Diejenige, die nicht beschaulich ist, müßte trostlos sein, würde sie nicht die Wahrheit erkennen, daß die Kontemplation eine Gabe Gottes ist. Da sie zum Heil nicht notwendig ist, fordert Gott sie auch nicht ... Niemand denke daher, er müsse sie haben. Man hört deswegen nicht auf, vollkommen zu sein, wenn man nur tut, was ich gesagt habe. Vielleicht hat man sogar mehr Verdienste, weil man sich mehr anstrengen muß. Gott führt solche wie starke Seelen, für die er all das aufbewahrt, was sie hier auf Erden nicht gekostet haben. Man soll nicht verzagen noch das Gebet aufgeben, sondern alles tun wie die andern. Denn oft kommt der Herr sehr spät und zahlt dann so gut und gleich alles zusammen, was er bei andern nur in vielen Jahren getan hat."[117]

Wahre Hingabe an Gott ist Selbstvergessenheit in seinem Dienst und Liebe zum Nächsten; dazu soll das Gebet helfen: „Es ist eine Tatsache, daß man auf diese Art in einem Jahr mehr Fortschritte macht als sonst in vielen. Aber es ist für euch nicht notwendig, daß ich weiter darüber spreche ... Macht euch keinen Kummer, wenn ihr jene anderen Gefühle der Frömmigkeit nicht habt. Sie sind etwas sehr Unsicheres."[118]

Dies ist ein harter Weg. Was hat dies noch mit dem Gespräch mit Gott zu tun?

Da Gott den Menschen als denkendes und sprechendes Wesen erschaffen hat, entspricht es seiner Würde, sich nicht nur seinen Mitmenschen, sondern auch Gott gegenüber denkend und sprechend zu verhalten. Wie kann man aber mit jemandem sprechen, den man nicht sieht und von dem man keine hörbare Antwort erhält? Das ist die Not der Betenden aller Zeiten. Ihr kann nur der Glaube begegnen, der darauf vertraut, daß hinter der Erfahrung dieser Welt, die wir als Geschenk, als etwas nicht Selbstverständliches erleben, ein persönliches Du steht, das mich annimmt und liebt, das sich mir in Jesus Christus bezeugt hat. Wir glauben „an diesen – persönlichen – Gott nur ..., weil er gesprochen hat; und weil er gesprochen hat, ist der Glaube Antwort".[119] Gott spricht zum Menschen durch seine Schöpfung, durch geisterfüllte Menschen; in besonderer Weise hat er zu ihm gesprochen durch seinen Sohn.

Wir sehen, daß Glaube Hören voraussetzt. Wie könnte ich Gottes Sprache in der Natur vernehmen, wenn ich nicht höre? Wie könnte ich die Worte eines Menschen verstehen, wenn ich nicht darauf lausche, was er mir sagen will? Wie viele Menschen sprechen wirklich miteinander?

Das Hören hat wiederum eine Voraussetzung, die nicht leicht zu erfüllen ist. Sie verlangt vom Menschen, der nur an der Oberfläche seines Daseins lebt, Anstrengung, Aufmerksamkeit, Einübung – mit einem Wort: Willenskraft. Er muß sich zum Gespräch erst einen Standort schaffen, Distanz zur Alltagsmeinung; er muß in sein Inneres einkehren. Hier sehen wir methodisch eine Übereinstimmung zwischen Teresas Lehre und den Übungen des Zen oder Yoga. „Einübung ins Hören kann Anstrengung kosten, unter Umständen sogar ähnliche ‚Übungen' verlangen, wie sie auch die Tradition kennt und vorschlägt, Übungen der Distanzierung vom Andrang des Alltags, der Konzentration, des Verzichtes auf oberflächliches Dahinleben."[120]

Denen, die mit dem Gespräch mit Gott beginnen wollen, sagt Teresa: „Meine Töchter, erschreckt nicht über die vielen Dinge, die notwendig sind, diesen Weg zu Gott zu beginnen ... Mit der Zeit wird man einsehen, wie alles nichts ist im Vergleich zu einem so hohen Preis ... Was den Beginn betrifft, so sage ich, es ist überaus wichtig, einen bestimmten Entschluß zu fassen und nicht stehenzubleiben, bis man das Ziel erreicht hat, komme da, was da wolle, geschehe, was geschehen mag ..., murre, wer da murren will, ... sollte man auch auf dem Weg sterben ... oder die Welt darüber zugrunde gehen."[121] An anderer Stelle bemerkt sie: „Ich sage, daß sehr viel daran liegt, mit großer Entschlossenheit (den Weg) zu beginnen; und dies aus vielen Gründen, die ich jetzt nicht alle anführen kann."[122]

Durch zwei Entscheidungen bereitet der Wille den für das Gespräch notwendigen Raum vor: Aufsuchen der Stille und Festlegung bestimmter Meditationszeiten. Dies sind nach Teresa unerläßliche Forderungen. „Ihr wißt ja, daß der Herr uns lehrte, wir sollten vor allem einsam sein. Denn so hat er selbst gehandelt, wenn er betete."[123] Sie weiß, um das Hören zu lernen, ist zu gewissen Zeiten Stille psychologisch notwendig. Trotzdem zeigt sie bewußt auf das Beispiel Jesu, da die Psychologie allein nicht maßgebend ist, sondern das Tun des Herrn. Und was hat Jesus getan? Er zog sich bei Tag oder in der Nacht in die Einsamkeit zurück, um frei zu sein für das Gespräch mit dem Vater. Dies tat er gewiß nicht in einem gesetzmäßigen Ablauf, wie es in einer klösterlichen Tagesordnung möglich ist, doch auffallend genug, daß sich Christen aller Zeiten durch ihn zu einem kontemplativen Leben inspirieren ließen. Wenn schon Liebende einander Zeit schenken, sagt Teresa, und gegenseitige Versprechen einhalten, gebührt dann Jesus Christus weniger? „Wie wenig Zeit schenken wir ihm doch — während wir für uns und andere, die uns keinen Dank wissen, so viel Zeit verschwenden. Ach, wenn wir dem Herrn eine kleine Weile geben, so halten wir doch unseren Geist frei und leer von allen Dingen ... Mit ganzer Entschlossenheit wollen wir vom Gebet nicht mehr ablassen, sollten uns auch Leiden, Widersprüche oder innere Trockenheiten treffen. Die Zeit des Gebets gehört nicht mehr uns selbst."[124]

Die scheinbar so „geringe" Zeit wird zu einem wichtigen Faktor der Einübung. Sagen wir nicht von einem Menschen, der das Gespräch mit andern gut zu führen weiß: Er hat Zeit für mich. Ich fühle mich bei ihm geborgen. Ich spüre keine Hetze. Niemand anders scheint für ihn auf der Welt da zu sein als ich. Darum betont Teresa die Wichtigkeit bestimmter Zeiten oder Stunden für das Gebet, weil man sonst „Gott nicht kennenlernen kann". Und sie hat recht. Ein Mensch, der sich nicht müht, in Stille und Ruhe auf seinen Schöpfer zu lauschen, wird auch an seinem Mitmenschen vorbeireden. Nur wer sein Gegenüber wirklich ernst nimmt, ihm Zeit schenkt, wird langsam verstehen und lieben lernen.

Damit kommen wir zum dritten und wichtigsten Anliegen Teresas: Wie können wir mit Gott sprechen?

Auch im 16. Jahrhundert war es nicht viel anders als heute, wenn Teresa humorvoll bemerkt, es gebe Menschen, „die schon der Name ‚inneres Gebet' oder ‚Kontemplation' erschreckt".[125] Um diesem Schrecken zuvorzukommen, begann sie beim Einfachsten und Naheliegendsten: Wir sollen Gott mit schlichten, vertrauenden Worten anreden. Fehlen uns diese Worte, dann holen wir sie aus der Schrift. Wichtig ist, daß wir mit unserem Glauben an ein liebendes, göttliches Du Ernst machen und uns nicht scheuen, in der Stille unseres Herzens Worte zu formen. Durch Gewöhnung an Zeiten äußerer Stille werden wir fähig, auch mitten im Lärm der Arbeit die innere Stille zu wahren. „Auch bei unseren Beschäftigungen sollen wir uns in uns selbst zurückziehen. Dächten wir auch nur einen kleinen Augenblick an den, der bei uns wohnt, so würde uns das viel nützen. Schließlich müssen wir uns daran gewöhnen, daß es nicht nötig ist, laut mit dem Herrn zu sprechen. Gott, der in uns weilt, wird sich uns schon verständlich machen."[126]

An diesem Entschluß, freiwillig, innerlich, bewußt mit Gott wie mit einem persönlichen Partner zu reden, liegt alles. Das innere Gespräch, das sich auch „äußerlich" in einer Gemeinschaft mit Gleichgesinnten zu gemeinsamem Sprechen formen kann, gibt dem Menschen ein Gefühl der Freiheit, der Mündigkeit, der Sicherheit und der Verbundenheit mit andern, das durch nichts zu ersetzen ist. Unsere Fähigkeit, mit einem personalen Gott jederzeit in Beziehung treten zu können, schenkt uns Ruhe in der Unsicherheit alles zeitlichen Geschehens. „Besonders ... Augustinus sagt, er habe Gott weder auf den öffentlichen Plätzen noch in den Freuden dieser Welt, noch irgendwo sonst, wo er ihn gesucht habe, so gefunden wie in seinem Innern."[127] Im Innern des Menschen wird im Gespräch Gott erfahren, der gleiche Gott, der auch jenseits unseres Weltalls existiert.

Teresa lehrt, daß Gott wirken kann, wann und wo er will, und daß wir weder ihn noch unsere Mitmenschen „nach unserem Maß" messen dürfen. Obwohl Teresa Einübung, Anstrengung − überhaupt das Tun des Menschen − betont, sagt sie gleichzeitig, Gottes Geist sei nicht gebunden und mache sich nicht abhängig von unseren Anstrengungen.

Die Erfahrung der Liebe und Nähe Gottes ist ein Geschenk, bei dem „weder Zeit noch Dienst den Ausschlag geben. Ich sage nicht, daß beide nicht viel dazu beitragen. Oft jedoch gibt der Herr den einen zwanzig Jahre lang nicht die Gabe der Kontemplation, die er anderen in einem Jahr verleiht. Er allein weiß den Grund. Wir täuschen uns, wenn wir glauben, etwas in Jahren zu begreifen, was durch nichts anderes als durch Erfahrung erlangt werden kann."[128] Uns mag scheinen, „wir könnten unseren Fortschritt in der Übung des Gebets nach Jahren bemessen ...", Gott aber teilt seine Gaben ohne Maß aus „und kann dem einen in einem halben Jahr mehr geben als einem andern in vielen Jahren".[129]

Teresa haßt jedes Pharisäertum, jedes Pochen auf Menschenwerk, wo es doch um die Kraft Gottes geht. Vor Gott gibt es kein Rechnen; je mehr man sich müht, ihm nahe zu kommen, desto tiefer erfährt man, daß alles Gnade ist. „Ich sage nicht, eine Seele könne nicht innerlich wachsen oder Gott würde sich ihr nicht schenken, wenn das Gebet demütig ist; doch wird dies nur in dem Maß geschehen, als sie die Jahre, in denen sie das Gebet geübt hat, vergißt."[130]

Das Gespräch mit Gott kann sich im Dunkel vollziehen, in der Trockenheit und Traurigkeit unserer Seele. Es kann aber auch erfüllt sein von Licht und fühlbarer Nähe des Herrn. Hier gilt das Wort „Ist dein Auge böse, weil ich gut bin?" (Mt 20,1-16). Christus selbst ist das „lebendige Wasser", das er zum Trank reicht. Sein Erbarmen kennt nur eine Grenze: unsere Selbstgerechtigkeit.

Gott lädt alle zum Gespräch mit sich ein, besonders aber die Sünder. Denn „ohne ihn können wir nichts, nicht einmal einen guten Gedanken fassen".[131]

Das Gebet Christi
(Vaterunser)

Was uns allgemein hindert, wahre und heilige Christen zu sein, das ist der Mangel an Nachdenken. Man kehrt nicht ein in sich selbst, man weiß nicht, was man tut. Was wir benötigen, wären Überlegung, Gebet und die Vereinigung mit Gott.

Johannes Maria Vianney,
Pfarrer von Ars

Wie sehr Teresas Gebetslehre vom Wort der Schrift getragen ist, wird deutlich, wenn sie in ihrem Buch „Weg der Vollkommenheit" anhand der Gebetsworte Jesu ihren Schwestern den Weg zu Gott erklärt. Sie äußert mehrmals, wir bedürften keiner Bücher über das Gebet, wenn wir das Vaterunser richtig verstünden.

Bei Lukas lesen wir: „Er sprach zu ihnen: ‚Wenn ihr betet, so saget: Vater, geheiligt werde dein Name, es komme dein Reich, gib uns täglich das nötige Brot, vergib uns unsere Sünden, wie auch wir vergeben einem jeden, der uns etwas schuldet, und führe uns nicht in Versuchung!'" (Lk 11,2-4). Und bei Matthäus: „Wenn ihr betet, sollt ihr nicht sein wie die Heuchler: die stehen ja gerne in den Synagogen und an den Straßenecken, um zu beten, damit sie von den Menschen gesehen werden. Wahrlich, ich sage euch, sie haben ihren Lohn dahin. Du aber gehe, wenn du betest, in dein Kämmerlein, schließe die Tür und bete zu deinem Vater, der im Verborgenen ist ... Und plappert nicht, wenn ihr betet, wie die Heiden: die meinen ja, erhört zu werden, wenn sie viele Worte machen. Tut es ihnen nicht nach!" (Mt 6,5-15).

Im Verborgenen mit dem Vater sprechen, nicht viele Worte machen, bitten für andere und verzeihen — das ist die evangelische Botschaft Teresas. Sie widerlegt das Vorurteil, Mystik stehe mit den Worten Christi nicht im Einklang, wenn sie ausruft: „Ich staune, wenn ich sehe, daß in so wenigen Worten die ganze Kontemplation und Vollkommenheit beschlossen ist. Ich glaube, wir brauchen kein anderes Buch mehr, wenn wir in diesem studieren. Bis hierher hat uns der Herr über alle Arten des Betens, auch die hohe Kontemplation, belehrt, angefangen vom inneren Gebet über das Gebet der Ruhe bis zu dem der Vereinigung. Wüßte ich es begreiflich zu machen, so könnte ich auf dieser guten Grundlage ein großes Buch über das Gebet schreiben."[132]

In Kürze entwickelt Teresa am Vaterunser die Formen, die die mystische Theologie Gebet der Sammlung, Gebet der Ruhe und Gebet der Vereinigung nennt.

Mit Christus sollen wir den Vater bitten. „Man soll von uns nicht sagen, wir beteten, aber verstünden nicht, was wir sagten. Es genügt nicht, nur gewohnheitsmäßig die Worte auszusprechen."[133] Das Gebet soll bewußt und personal sein.

Mit Christus sollen wir die Verborgenheit aufsuchen. „Glaubt ihr, er schweigt, wenn wir ihn auch nicht hören? Er spricht sehr wohl zu unserem Herzen, wenn wir ihn innig bitten. Wir sollten auch daran denken, daß er jeden einzelnen von uns im Gebet unterweist und ihm beisteht; denn nie ist der Meister so weit vom Schüler entfernt, daß man die Stimme erheben müßte; vielmehr ist er ganz nahe."[134]

Für Teresa gibt es kein mündliches, das heißt äußerlich hörbar vollzogenes Beten, das nicht zugleich auch inneres Beten wäre. Mechanisches Aussprechen irgendwelcher Gebetsworte ist für sie sinnlos. Innerlich beten, sei es laut oder leise, heißt: „bedenken und verstehen, was wir beten, mit wem wir sprechen, und wer wir sind ... und unsere Gedanken auf den richten, den wir ansprechen".[135]

Das Gespräch mit Gott ist keine Geheimwissenschaft, sondern freies, personales Tun. Auf den Einwand: Hätten wir mit Jesus gelebt, wäre der Glaube an Gott leichter; sich heute

Jesus mühsam vorstellen zu müssen, sei eine Zumutung, antwortet Teresa: „Glaubt ja nicht, daß einer, der sich jetzt nicht ein bißchen Gewalt antut, nach innen zu schauen, um den Herrn zu betrachten, als Zeitgenosse Christi zu ihm gehalten hätte."[136]

Bildbetrachtung oder Lektüre helfen zur Sammlung. Teresa beklagt die „Häretiker", die sich durch Zerstörung der Bilder eines großen Vorteils berauben. Wir können beim Anschauen eines Bildes „recht oft den Herrn anreden. Er wird euch eingeben, was ihr ihm sagen sollt − so wie ihr auch mit andern euch unterhalten könnt ... Wenn man mit jemandem keinen Kontakt hat, wird man ihm fremd ... als ob man ihn gar nicht kennen würde, selbst wenn er verwandt ist. Der Mangel an Umgang zerstört verwandtschaftliche und freundschaftliche Beziehungen."[137]

Beten muß sich in menschlichen Kategorien vollziehen, da Gott in unser Menschsein eingegangen ist. Menschlicher Umgang mit Gott ist die beste Art, jeder Entfremdung zu begegnen. „Wir haben unsere Seele (und unsere Gedanken) so daran gewöhnt, ihrem Willen nachzugehen − besser gesagt, dem, was ihr Leid bereitet −, daß die Unglückliche sich selbst nicht mehr kennt. Große Kunst ist nötig, ihre Liebe neu zu wecken, damit sie im eigenen Hause verbleibt."[138]

Nur das Aussprechen der wenigen Worte „Vater unser im Himmel" kann uns schon die Fülle der Botschaft Christi schenken: „Schon zu Beginn füllst du uns die Hände und schenkst uns solche Gnade, daß sie genügen würde, den Verstand zu erfüllen und den Willen so zu beschäftigen, daß er kein Wort mehr sprechen kann."[139]

Im allgemeinen macht der Betende eine dreifache Entwicklung durch. Unter „Gebet der Sammlung" versteht Teresa das Tun des Anfängers, der alle Kräfte seiner Seele: Verstand (Meditation), Gedächtnis (Betrachtung), Wille (Liebe) einsetzt, um das Ziel, die Vertrautheit mit Gott, zu erreichen. Im „Gebet der Ruhe" erfährt der Betende, daß er seinen Willen nicht mehr gebrauchen kann wie bisher. Er ist an den göttlichen Willen gebunden. Im „Gebet der Vereinigung", das Teresa auch Beschauung (Kontemplation) nennt, ist nicht nur der Wille außer Kraft gesetzt, sondern Gott verfügt jetzt auch über Gedächtnis und Verstand, so daß das Innerste des Menschen ganz vom Geiste Gottes bewegt wird. Diese Begriffe sind nicht künstlich eingesetzt, um das Gebet zu systematisieren. Sie sind Andeutungen für seelische Vorgänge und Erlebnisweisen, die jeder, der ein intensives Glaubensleben führt, ähnlich erfährt.

Im Gebet der Sammlung konzentrieren sich die Kräfte der Seele bewußt auf einen Gedanken oder eine Wirklichkeit, zum Beispiel auf die Tatsache, daß Gott „im Himmel" wohnt. „Ich sage euch, für Menschen, die zur Zerstreuung neigen (entendimiento derramado), ist es von großer Wichtigkeit, dies nicht nur zu glauben, sondern sich zu mühen, es aus Erfahrung zu verstehen."[140] Teresa weiß, daß Glauben als bloßes Fürwahrhalten praktischem Unglauben gleichkommt. Um etwas für Gott übrig haben zu können, muß man erfahren, wer er ist und wie er ist. Die Vorbedingung zu dieser Erfahrung ist das Aufgeben der Zerstreutheit und das Sichsammeln auf das eine Notwendige. Teresa warnt uns vor einer „falschen Scheu", mit Gott nicht umgehen zu wollen. Sie rät uns, ihn wie einen Vater, Bruder, Freund oder Geliebten zu behandeln. Verursacht die Sammlung der Seelenkräfte anfangs Mühe, so wird sie bald mit Leichtigkeit vollzogen, besonders wenn man diese Übung durch Schließen der Augen erleichtert. „In vieler Hinsicht ist dies eine ausgezeichnete Gewohnheit: sich Gewalt anzutun, um nicht hin und her schauen zu müssen. Nur am Anfang macht es Mühe, später nicht mehr; man muß sich dann eher anstrengen, die Augen zu öffnen ... Bald wird man den Gewinn sehen und wahrnehmen, wie zu Beginn des Gebets die Sinne gleich Bienen zum Korb fliegen, um darin den Honig zu bereiten."[141] „Wir dürfen nicht glauben, wir seien innerlich leer ... Eine

Zeitlang war mir die Sache dunkel. Ich verstand wohl, daß ich eine Seele habe. Welchen Wert sie jedoch besaß und wer in ihr wohnte ..., das begriff ich nicht."[142] Teresa hat ein Gespür für das Somatische. Die Haltung des Körpers steht in Wechselbeziehung zur seelischen Entfaltung.

Die Sammlung „ist kein Schweigen der Seelenkräfte, sondern ein Einschließen derselben in die Seele".[143] Nach Teresas Methode soll man nicht viele Vaterunser beten, denn der Herr „wird uns schon bei einem verstehen, da er sehr besorgt ist, daß wir uns nicht unnötig abmühen. Es genügt, wenn wir in einer Stunde einmal das Vaterunser beten; wichtig ist, daß wir begreifen, was es ist, bei ihm zu sein."[144] Nicht das Plappern vieler Gebetsworte bringt uns Gott näher, sondern die Entschlossenheit des Willens, sich ihm zur Verfügung zu stellen. Langsam und gesammelt ein Wort der Liebe sprechen, dies hängt „von unserem eigenen Bemühen ab", und: „Wenn wir wollen, können wir es auch."

Erklärt Teresa bei den ersten Worten des Vaterunsers den Einstieg des Menschen in das Leben mit Gott, so regen sie die folgenden Bitten Jesu: „Geheiligt werde dein Name, dein Reich komme", zur Darlegung des Gebetes der Ruhe an.

Teresa weiß, daß die Kraft des Menschen nicht ausreicht. Der Vater muß uns zu Hilfe eilen. „Manchmal schenkt der Herr den vom Wandern Erschöpften eine solche Ruhe der Seelenkräfte und solchen Seelenfrieden, daß er sie wie durch Zeichen klar erkennen läßt, was er denen bereitet hat", die ihn lieben.[145] Der Trost göttlicher Nähe schenkt Hoffnung auf ein ewiges Leben, für das wir bestimmt sind. Dort werden wir unaufhörlich lieben und uns freuen über das Glück der andern. Hier wird uns diese Freude in Gott nur „für Augenblicke" zuteil. Wir müssen sie ernst nehmen, weil sie uns ihn erkennen läßt. Im „Gebet der Ruhe beginnt der Herr ... uns zu zeigen, daß er unser Bitten hört und uns schon hier sein Reich geben will".[146] Dieses Reich wird dem Beter nicht zu seinem Trost geschenkt, sondern für die andern.

„Dieses Gebet ist schon etwas Übernatürliches, das wir trotz allen Eifers nicht erwerben können. Hier erlangt die Seele Frieden, oder besser gesagt: der Herr führt sie in seine Gegenwart ..., da alle Seelenkräfte ruhen. Daß sie ganz nahe bei Gott ist, erkennt die Seele hier auf eine von den äußeren Sinnen ganz verschiedene Weise. Nur wenig fehlt, daß sie mit ihm ganz eins wird ... Hier erkennt sie Gott, wenn auch noch unklar, da sie nicht weiß, wie sie erkennt ... Dieser Zustand gleicht einer tiefen inneren und äußeren Ohnmacht. Der äußere Mensch (ich meine der Körper ...) will sich nicht rühren. Wie einer, der fast am Ziel seiner Wanderung angelangt ist, ruht er sich aus, um besser weiterwandern zu können. Dadurch verdoppeln sich seine Kräfte."[147]

Der Friede der Seele strömt auf den Leib über, so daß dieser großes Wohlbefinden spürt, und die Seele glaubt, da sie schon an der Quelle des lebendigen Wassers ruht, „daß es nichts mehr zu wünschen gibt". Aber Verstand und Gedächtnis sind noch frei. Nur „der Wille ist hier gefesselt. Der Gedanke, er müsse zu seiner Freiheit zurückkehren, kann ihm allein noch Leid bereiten. Der Verstand möchte nur eines verstehen und das Gedächtnis nur um eines sich kümmern. Beide sehen, daß nur eines notwendig ist und alles andere sie verwirrt ... In einem solchen Zustand können die Menschen kaum sprechen. Für ein Vaterunser brauchen sie eine Stunde. Sie sind dem Herrn so nahe, daß sie sich mit ihm durch Zeichen verstehen ... Solange dies alles andauert, sind sie ganz in Anspruch genommen und voll Freude und Entzücken. Nur mit dem heiligen Petrus sagen sie sehnsüchtig: ‚Herr, laß uns hier drei Hütten bauen'."[148] Sie begreifen noch nicht, was der Herr von ihnen verlangt: Denn „sowenig es in unserer Macht liegt, den Tag heraufzuführen, so wenig können wir verhindern, daß es Nacht wird ... Diese Gnade empfangen wir am besten dann, wenn wir klar einsehen, daß wir weder etwas von ihr wegnehmen noch dazutun können. Wir sind nur die Empfangenden und einer solchen Gnade unwürdig.

Was wir tun können, ist: Dank sagen, aber nicht mit vielen Worten, sondern indem wir mit dem Zöllner die Augen erheben."[149]

Man könnte einwenden: Warum spricht Teresa von „übernatürlich" bei Vorgängen, die auch in der außerchristlichen Mystik, zum Beispiel im Satori des Zen-Buddhismus, erlebt werden? Die Antwort ist nicht leicht. „Durch die Erforschung der leibseelischen Vorgänge bei den östlichen Meditationsformen wissen wir, daß nach jahrelangem intensivem Üben Umschaltungen im leibseelischen Bereich erfolgen." Die dadurch bewirkte Bewußtseinsveränderung verursacht eine Befreiung der Tiefenkräfte der geistigen Vermögen. „Diesen Zustand bezeichnen Teresa und Johannes vom Kreuz als rein übernatürlich, weil ihnen die medizinische Seite dieses Zustands unbekannt war. Bis hierhin müssen wir aber sehr aktiv mitwirken."[150] Die Frage: Inwiefern ist Mystik im teresianischen Sinn mehr als eine natürliche Bewußtseinsveränderung, ließ Karl Rahner in eine zweite Frage einmünden: „Ist die außerchristliche Mystik ... eine ‚anonym' christliche, also gnadenhafte Mystik? Oder ist umgekehrt die christliche Mystik eine ‚natürliche' Mystik ...?"[151]

Eine gute Erläuterung zu diesem Thema gibt Sr. Elia Krakau, wenn sie an Hand eines Zitates von Johannes vom Kreuz – „Lieben heißt ja nichts anderes, als sich um Gottes willen alles dessen entledigen, was nicht Gott ist" – folgert: „Dieser Verheißung ist aber keine Grenze gesetzt, und deshalb könnte alle echte außerchristliche Mystik auch von dieser Verheißung her gedeutet werden ... Von dieser Einsicht her wird auch verständlich, warum die methodischen Wege der hl. Teresa und des hl. Johannes vom Kreuz im Anfangsstadium den östlichen Meditationswegen parallel laufen können. Nach diesem Anfangsstadium verlassen sie allerdings ihre horizontale Richtung und steigen vertikal empor, weil die Vollendung dieses Weges, die ‚unio', die Vereinigung mit Gott ist, die ausschließlich Gottes Werk ist. Gott kann al-

lerdings in diese Bewegung nach oben auch jene mit hinein-
reißen, die von den östlichen Wegen kommen, weil ja der
Geist weht, wo er will."[152]

In ihrer Lehre vom Gebet trennt Teresa nie die Erfahrung
Gottes vom praktischen Tun des Menschen. Das Gespräch
mit Gott spielt sich nicht im luftleeren Raum ab. Es ist eine
dynamische Kraft, die den Betenden völlig verwandeln kann.
Gebet und Tat gehören zusammen. Gebet selbst ist Tat, die
alle anderen Lebensäußerungen formt. Freiheit des Geistes
ist eine der wichtigsten Früchte der Einübung ins Gebet.

Aus dieser Freiheit erwächst im Gebet der Ruhe die Fähigkeit, sich den Interessen Gottes zur Verfügung zu stellen,
wenn man aufrichtig die Worte Christi spricht: „Dein Wille
geschehe!" Humorvoll bemerkt Teresa: „Herr, es stände
schön um mich, wenn es in meine Hände gelegt wäre, deinen
Willen zu erfüllen oder nicht! Jetzt gebe ich ihn dir freiwillig
hin − obwohl schon seit geraumer Zeit zu meinem eigenen
Vorteil. Ich halte es für erwiesen und weiß es aus Erfahrung,
welchen Gewinn ich davon habe, meinen Willen freiwillig
dem deinen zu übergeben."[153]

Gott nimmt unser Bitten ernst. Teresa lacht über sogenannte Fromme, die leichthin die Worte „Dein Wille geschehe!"
beten. Bringt dieser „Wille Gottes" jedoch Leid und Prüfung
über sie, so schrecken sie davor zurück. „Bei euch, meine
Töchter, sollen Sagen und Tun, Worte und Werk überein-
stimmen."[154] „Es sei bei euch nicht wie bei manchen Ordensleuten, die nur etwas versprechen, und wenn sie es nicht
halten können, die Ausrede ergreifen, sie hätten nicht verstanden, was sie gelobt (haben)."[155] „Der Herr zögert nicht,
an dem, den er als stark erkennt, seinen Willen zu erfüllen
… Wollt ihr sehen, wie er mit jenen umgeht, die aufrichtig
sagen: Dein Wille geschehe? Fragt nur seinen glorreichen
Sohn, der diese Worte auf dem Ölberg gebetet hat."[156]
Schmähungen, Verfolgungen und der Kreuzestod waren der
Anteil Christi. „Daraus könnt ihr erkennen, was sein Wille

100

ist …, denen, die er mehr liebt, gibt er mehr von diesen Gaben … Wer ihn sehr liebt, den würdigt er, viel für ihn zu leiden."[157]

Wir sehen, Gebet im teresianischen Sinn ist kein Vorrecht für religiös Begabte, sondern die harte und gesunde Lehre des Evangeliums. Mit Christus beten heißt für Teresa: mit Christus leben, sein Schicksal teilen, sich leidenschaftlich für das Heil der Mitmenschen einsetzen. Erst die Entschlossenheit zum Leiden, die aus der Kraft des verschenkten Willens geboren wird, macht den Menschen zum wahren Freund Gottes. Gebet ist nicht Veranlagung, die wir pflegen können wie Musikalität oder Malen. Sprechen mit Gott gelingt dem mehr, der mutiger, gläubiger, einsatzbereiter, liebender ist. Da gibt es keinen Unterschied zwischen gebildet und ungebildet, vornehm oder gering. Wer arm ist vor Gott, in den kann er seinen ganzen Reichtum legen.

Dies geschieht im Gebet der Vereinigung, das Teresa in ihrer Autobiographie und in der siebten Wohnung der „Inneren Burg" beschrieben hat. In der Erklärung des Vaterunsers betont sie stärker die praktischen Konsequenzen dieser Erfahrung.

Der Mensch, der sich Gott in freier, verantwortlicher Tat hingibt, lebt auf „verborgene" Weise die göttlichen Geheimnisse. Im Gebet der Vereinigung tritt, wenn man so sagen darf, eine Gleichberechtigung zwischen Gott und dem Menschen ein. Das Geschöpf wird zum Partner des Schöpfers, der es „nach seinem Bild und Gleichnis" geschaffen hat. Die Leiden der Umwandlung haben die Hindernisse für den gegenseitigen Austausch weggeräumt. „Der Herr beschenkt die Seele mit einer solchen Freundschaft, daß er ihr nicht nur ihren Willen wieder läßt, sondern ihr auch den seinen gibt …, wie man sagt, regieren beide zusammen."[158]

„Gleichheit" oder „Partnerschaft" mit Gott heißt erkennen, daß alles Gnade ist. „Obgleich sie möchte, kann die arme Seele nicht tun, was sie will. Sie kann überhaupt nur tun,

was ihr gegeben ist."[159] Ist das wirklich Partnerschaft? Ja —
weil Gott der Zuerst-Liebende ist. Wer dieser Liebe antwortet, will nichts anderes mehr als den Willen des Geliebten erfüllen. Diese Vereinigung aller Seelenkräfte mit Gott nennt
Teresa Beschauung oder Kontemplation. Der Mensch, der
ganz in den Willen Gottes eingegangen ist, gibt durch sein
Leben radikal Zeugnis vom Geiste Gottes. Je demütiger, je
wahrhaftiger er ist, um so „beschaulicher" ist er. Kontemplation ist hier, wie Hans Urs von Balthasar gesagt hat, zentral
biblisch gefaßt. Die „innere Kontemplation" Teresas ist nicht
ein einseitiger Aufstieg „vom Zeitlichen zum Ewigen, von
der Welt weg zu Gott hin", sondern Kontemplation im teresi-
sianischen Sinn ist „ein habitueller Glaubensakt", die „existentielle Dimension des Glaubens selbst". Mit ihr kann man
ein Leben füllen im Einsatz für die Kirche.[160] Da Demut für
Teresa Wahrheit ist, ist sie es allein, „die etwas vermag. Sie
wird nicht durch Nachdenken erworben, sondern durch das
klare Schauen der Wahrheit. In ihr begreift man in einem
Augenblick, was man durch Anstrengung der Phantasie lange
Zeit hindurch nicht erkannte: nämlich, daß wir gar nichts
sind und Gott alles ist."[161]

Unter dem „täglichen Brot", das Jesus vom Vater erbittet,
versteht Teresa den geopferten Christus, seine Gegenwart unter der Gestalt des Brotes beim Abendmahl. Sie ist überzeugt, daß ihre Schwestern bei rechtem Arbeiten ohne besondere Sorge ihr tägliches Brot vom Herrn erhalten werden. Im
Blick auf das gewandelte Verständnis der Eucharistie in der
Reformation empfindet sie einen tiefen Schmerz über den
mangelnden Glauben an die Gegenwart Christi im eucharisti-
schen Brot. Die Verehrung des Sakraments hält sie für eines
der geeignetsten Mittel, mit Gott in eine personale Beziehung
zu treten. „Wie unglücklich sind doch die Häretiker", ruft
sie aus, „die durch eigene Schuld einen solchen Trost und
manchen anderen verloren haben!"[162] Dieses Brot sollen wir
nicht morgen, in vier Wochen, sondern „heute" zu uns neh-

men. „Das Wort ‚heute' will sagen: für einen Tag, das heißt für die Dauer dieser Welt, nicht länger."[163] Wie Paulus ist Teresa vom Gefühl durchdrungen, daß keine Zeit zu verlieren ist, „denn die Gestalt dieser Welt vergeht" (1 Kor 7,31).

Sind wir wahrhaftig, fangen wir an, unser Elend einzusehen, daß wir ohne Christus nichts vermögen, mit ihm zusammen diese Weltzeit aber sinnvoll leben können, dann haben wir Teresas „Exegese" verstanden. „Ich dachte darüber nach, warum der Herr so hohe und dunkle Dinge nicht näher erklärt habe, so daß alle sie verstehen. Da schien mir, er habe sie deshalb so dunkel gelassen, weil dieses Gebet für alle Menschen sei. In der Überzeugung, er lege es richtig aus, sollte jeder einzelne nach seiner Absicht bitten und Trost daraus schöpfen können."[164]

Teresa beschließt ihre Erklärung des Vaterunsers mit dem Hinweis auf einige Forderungen, die sich aus den Bitten Jesu und der Kontemplation − soll sie echt sein − ergeben. Wir bitten den Vater um Vergebung unserer Schuld, weil auch wir verzeihen. „Bedenken wir, Schwestern, der Herr sagt nicht: ‚wie wir vergeben werden' ..., dies muß von dem bereits vollzogen sein", der selbst Verzeihung wünscht.[165] Teresa geht hart mit dem menschlichen Ehrgeiz ins Gericht. Sie spottet darüber, daß Ehrenpunkte auch hinter Klostermauern gelten, und beschwört ihre Schwestern: „Mein Gott, laß uns begreifen, daß wir uns selbst nicht kennen und mit leeren Händen zu dir kommen!"[166] Das Streiten um die ersten Plätze, um Vorrechte verdirbt die Liebe, zerstört die Gemeinschaft. Jesus hat nicht zu seinem Vater gesagt: „‚Verzeihe uns, Herr, denn wir üben strenge Buße, wir beten viel und fasten, wir haben alles für dich verlassen und lieben dich sehr'..., sondern er sagt nur: ‚wie auch wir vergeben'. Er weiß wohl, wie sehr wir an diese häßliche Ehre denken."[167] Das Verzeihen muß sofort geschehen. Es darf nicht aufgeschoben werden, denn wer in Wahrheit das Reich Gottes auf dieser Welt erbittet, „will kein anderes".[168]

Eine zweite Frucht wahrer Verbundenheit mit Gott ist, daß wir nicht um „Befreiung von Leiden, Versuchungen, Verfolgungen und Kämpfen" bitten.[169] Der Kontemplative gleicht einem Soldaten, der aus dem Krieg mehr Gewinn zieht. Die Worte Jesu „Und führe uns nicht in Versuchung" legt Teresa so aus: „Glaubt mir, Schwestern, die Soldaten Christi — darunter verstehe ich jene, die die Kontemplation und das Gebet lieben — sehnen die Stunde des Kampfes herbei. Offene Feinde fürchten sie nicht; die Feinde, die sie fürchten, sind gewisse Verräter, die sich in Engel des Lichts verwandeln."[170] Der Soldat Christi darf keine Feigheit und Furcht kennen. Wenn er nicht auf eigene Kraft oder Tugend baut, geht er sicher durch alle Versuchungen hindurch.

Teresa fürchtete nur eines: Wir könnten die Täuschung der Wahrheit vorziehen. „Gott will, daß wir die Wahrheit lieben, wir aber lieben die Lüge. Er wünscht, daß wir das Ewige lieben, und wir geben uns dem Vergänglichen hin. Er will, daß wir große und erhabene Dinge anstreben, wir aber suchen die niedrigen dieser Erde. Er wünscht, daß wir das Sichere umfangen, wir aber lassen uns auf das Unsichere ein."[171]

In der Schlichtheit der Worte Jesu verbirgt sich das volle Leben mit Gott. So kann Teresa über das Vaterunser sagen: „Seht, meine Schwestern, wie der Herr mich der Mühe enthoben hat, indem er selbst euch und mich den Weg lehrte, den ich euch erklären wollte. Er ließ mich das Große erkennen, das wir in diesem evangelischen Gebet erbitten können Er sei für immer gepriesen, daß er mir wie nie zuvor bewußt machte, welch große Geheimnisse in diesem Gebet verborgen sind. Wie ihr gesehen habt, umschließt es den ganzen Weg des geistlichen Lebens, vom Anfang bis dahin, wo Gott die Seele in sich versenkt und ihr reichlich zu trinken gibt aus der Quelle lebendigen Wassers, die, wie ich sagte, sich am Ende des Weges befindet."[172]

Der Teresianische Humanismus

Bemüht euch doch nicht, reine Geister zu sein, sondern trachtet danach, gute Menschen zu werden ... Jedem Ding ist es gut, so zu sein, wie es ist ... Der Dienst an der Wahrheit ist Heiligkeit.
Albertus Magnus

„Wir wollen uns wahrhaftig geben vor Gott und vor den Menschen, soweit wir es irgend vermögen. Und vor allem sollten wir nicht für besser gelten wollen, als wir sind, und an unseren Werken Gott den Anteil zuschreiben, der ihm gebührt, und uns selbst das, was unser ist. Immer sollten wir danach streben, die Wahrheit zu erkennen."[173]

Im Leben Teresas war die Suche nach Gott nicht zu trennen von ihrer Suche nach Wahrheit. Die Leidenschaft, die ihr Leben durchzog, war das Verlangen, der Wahrheit so nahe wie möglich zu kommen. Wahrheit aber war für Teresa nicht eine Spekulation, etwas, das nur jenseits unserer Erkenntnis liegt. Gott erkennen, das hieß für sie, auch sich selbst erkennen und Schritt für Schritt die Hindernisse durchstoßen, die den Menschen in seinem Lebensweg von der Wahrheit trennen.

Die 14jährige Teresa wurde, der Sitte der Zeit gemäß, in ein von Ordensfrauen geleitetes Pensionat gebracht. „Obwohl ich ganz gegen das Ordensleben war, freute ich mich doch, in diesem Haus so gute Schwestern zu finden,"[174] schreibt sie im Rückblick. Die Schwester, die den Schlafsaal der Zöglinge überwachte, beeindruckte Teresa. „Da sie sehr geistreich und heilig war, konnte sie ausgezeichnet über Gott sprechen, und ich hörte ihr mit viel Freude zu."[175] Von dieser Schwester erfuhr Teresa, sie habe beim Lesen von Worten des Evangeliums ihre geistliche Berufung empfangen. Sie sagte zu ihrer Schülerin, daß Gott denen seinen Lohn gibt, die aus Liebe zu ihm alles verlassen.

Teresa war mit einem Menschen konfrontiert, der von seiner Ordensberufung überzeugt war. Das fesselte sie, und sie begann nachzudenken. „Mein Widerwille gegen das Ordensleben wurde allmählich geringer. Wenn ich eine Schwester im Gebet weinen sah, beneidete ich sie. Mein Herz war so hart, daß ich die ganze Leidensgeschichte des Herrn hätte lesen können, ohne eine Träne zu vergießen. Das schmerzte mich sehr."[176]

Teresa wurde nicht plötzlich aus der Bahn geworfen wie Paulus vor Damaskus. Ihre geistliche Berufung wurde geweckt in der Beziehung zu Menschen. „Ich wollte nicht Nonne werden. Ich wünschte geradezu, Gott möge mir keine Berufung schenken. Aber ich hatte auch Angst vor einer Heirat!"[177] Teresa erkannte: Man kann im Leben nicht passiv an der Wirklichkeit vorbeigehen. Sie mußte Entscheidungen fällen, ihr Leben selbst in die Hand nehmen. Am Ende ihres Aufenthaltes im Pensionat war sie dem Ordensleben freundlicher gesinnt. Wenn sie eintreten sollte, so argumentierte sie, dann aber nicht in dieses Haus, da einige übertriebene Frömmigkeitsübungen sie abschreckten. Die jüngeren Ordensschwestern teilten Teresas Ansicht. „Wären sie alle einer Meinung gewesen, hätte mir das geholfen."[178]

Teresa spielte mit Zukunftsplänen. Für eine Frau in ihrer Zeit und Gesellschaft waren sie jedoch ziemlich eingeschränkt: Ehe oder Orden. Sie erkannte: Übereinstimmung und gemeinsames Handeln in wichtigen Dingen stärken das Tun des einzelnen. Christsein hat etwas mit Liebe zu tun, mit Beziehung, mit Hingabe. Sie lernte mündlich zu beten, aber dieses Beten hatte noch keine Beziehung zu ihrer inneren Sehnsucht. Charakteristisch war, daß sie Übertreibungen ablehnte und nach einfachen Formen im Religiösen verlangte. „Ich hatte in einem anderen Kloster eine gute Freundin.

Wenn ich Nonne werden wollte, dann nur in diesem Kloster. Ich sah mehr auf das, was meiner Sinnlichkeit und Eitelkeit entsprach. Die guten Gedanken, in einen Orden zu gehen, kamen und gingen, und ich konnte mich nicht entschließen."[179]

Teresa erkrankte und mußte das Pensionat verlassen. Die Gespräche mit einem Onkel, dem sie geistliche Literatur vorlas, die nicht nach ihrem Geschmack war, führten zu einer inneren Wende. Teresa wurde von Angst gepackt, ihr Leben schien verspielt, die einseitige Theologie ihrer Zeit tat ein übriges: „Schrecken ergriff mich beim Gedanken, ich wäre auf dem Weg zur Hölle gewesen, wenn der Tod mich überrascht hätte. Jetzt sah ich ein, der Ordensstand war das beste und sicherste für mich. Auch wenn ich noch nicht richtig wollte, reifte in mir langsam der Entschluß, mir Gewalt anzutun und Nonne zu werden."[180]

Martin Luther, ein Zeitgenosse Teresas, hatte in Todesgefahr gelobt, in einen Orden einzutreten. Auch Teresa ließ sich in ihren Überlegungen von Ängsten bestimmen. „Drei Monate lang dauerte der Kampf, den ich innerlich zu bestehen hatte. Ich sagte mir, die Beschwerden, die ich als Nonne auszuhalten habe, könnten nicht schlimmer sein als das Fegefeuer, da ich ja die Hölle verdient hätte. Es wäre also nicht viel, wenn ich jetzt wie im Fegefeuer lebte, um dann direkt in den Himmel zu kommen."[181]

Teresas Eintritt in den Orden entsprach sicher nicht heutigen Vorstellungen von seelischer Reife und affektiver Eignung, sondern erfolgte einfach aus Heilsangst. In einer Zeit, in der die Christen glaubten, der größere Teil der Menschen würde von Gott verdammt, waren solche Motivationen für einen Ordenseintritt sicher keine Ausnahme. Aber auch eine ungenügende Motivation kann ein Anreiz sein, in einer späteren Entwicklung das Eigentliche von dem, was mit Ordensleben gemeint ist, zu erkennen. Rückblickend sah Teresa: „Mein Eintritt in den Orden war mehr von knechtischer

Furcht geleitet als von Liebe. Der Teufel sagte mir, da ich so sehr an Reichtum und Bequemlichkeit gewöhnt wäre, könnte ich die Mühsale eines Ordenslebens nicht ertragen. Dieser Einflüsterung stellte ich das Leiden Christi gegenüber, indem ich mir dachte, es wäre nicht zuviel, wenn ich aus Liebe etwas für ihn leiden würde."[182]

Im Begriff Gehorsam liegt das Wort „horchen". Gehorsam sein heißt, auf jemanden hören, der Autorität hat, dem wir vertrauen, der uns etwas sagt, was wir allein nicht erkennen können. Teresa ging nicht in einen Orden, um Normen oder Gebote zu erfüllen. Ihr Gehorchen war ein existentieller Akt, der − trotz aller Unreife − nach dem Willen Gottes fragte. Sie erkannte die Chance, ihrem Leben einen Sinn zu geben. Sie wußte sich aus eigener Kraft zu schwach, diesen Sinn zu finden. Heilsangst trieb sie, die Chance nicht zu verpassen, im Orden eine Antwort auf ihre Frage nach Gott zu finden. Die letzte Instanz für eine persönliche Entscheidung ist nach christlicher Auffassung der Ausschlag des subjektiven Gewissens, trotz der Verpflichtung, das Gewissen nach objektiven Kriterien zu formen. Teresa gehorchte Gott, indem sie gegenüber ihrem Vater ungehorsam war. Die Spannung zwischen subjektivem und objektivem Gewissen formte ihr ganzes Leben.

Teresa berichtet, wie sie im Morgengrauen aufbrach, um mit ihrem Bruder heimlich in ihren neuen Lebensbereich zu fliehen. Inzwischen hatte sie erkannt, daß sie nicht ins Kloster gehen durfte, nur weil dort eine Freundin von ihr war. „Ich wäre jetzt auch bereit gewesen, in jedes andere Kloster zu gehen, wenn ich erkannt hätte, daß ich Gott dort besser diente ...; ich erinnere mich noch an den Augenblick, als ich das väterliche Haus verließ ...; ich glaube, der Tod kann nicht schrecklicher sein. Es war mir, als würden mir alle Gebeine aus den Gelenken gerissen."[183]

Teresa hatte auf ein bürgerliches Leben verzichtet, auf eigene Familie und Kinder, aber sie war dadurch auch frei von der Unterordnung unter patriarchalische Familienverhältnisse. Die innere Freiheit, die sie in der Ordensgemeinschaft suchte, wurde ihr jedoch nicht geschenkt. Die Schwestern, die im Kloster der Menschwerdung lebten, konnten nicht nach Gruppengesetzen leben, die als Ort des Miteinanders in der gemeinsamen Suche nach Freiheit hätten erfahren werden können. Teresa blieb ohne geistliche Führung. Mehrmals betont sie in ihrer Lebensgeschichte: „Es ist ein großer Schaden, wenn man in dieser Situation allein steht. Hätte ich jemanden gehabt, mit dem ich darüber hätte sprechen können, hätte ich mich vor Rückfällen gescheut." Oder: „Beginnt jemand, sich Gott hinzugeben, gibt es viele, die sich darüber aufregen, daß er sich dringend nach Freunden umsehen muß, bei denen er Schutz findet, um Kraft zu gewinnen und vor Leiden nicht zurückzuschrecken."[184]

Was verstand Teresa unter Rückfällen? Was meinte sie, wenn sie von zwanzig schlecht zugebrachten Ordensjahren spricht? Dachte sie an mangelnden Gehorsam gegenüber den Vorgesetzten, dachte sie an liebloses Verhalten gegenüber ihren Mitschwestern? An beides dachte sie nicht. Teresa sah einzig und allein ihre Unfähigkeit, innerlich mit sich in Frieden zu leben. Ihre Beziehung zu Gott war nicht zerstört, aber sie konnte sie nicht ausdrücken. Teresa sehnte sich nach Führung im Gebet, doch sie hatte nur Bücher. Das war schon viel. Sie las Osuna, Augustinus und andere wertvolle geistliche Literatur. Sie war jedoch ein Mensch des Gesprächs. Sie brauchte einen Menschen, der ihre innere Erfahrung mit Gott verstand, sie in richtige Bahnen lenkte. Sie brauchte theologischen Rat.

Teresas Ordensgehorsam war gut. Die Oberen hatten Vertrauen zu ihr. Sie erhielt Aufträge, Menschen in Not beizustehen. Es war bekannt, daß sie Trauernden und seelisch Leidenden helfen konnte. Sie wurde in Paläste und Bürgerhäuser eingeladen. Aber sie war nicht glücklich, auch nicht über die Freunde, die ihr Komplimente machten, ihr schmeichelten.

Das Leben der Mitschwestern im Kloster der Menschwerdung zu Avila war unterschiedlich. Einige hatten eigene Dienerinnen und ausreichend Geld, andere litten Hunger und gingen oft zu ihren Verwandten. Für die Frauen der damaligen Zeit war das Kloster eine ehrbare Versorgungsmöglichkeit. Für unsere geordneten nachtridentinischen Klosterverhältnisse ist solch ein Ordensleben unvorstellbar. Dazu kam die beengte Situation der Frau im Spanien des 16. Jahrhunderts.[185]

Teresa litt unter diesen Umständen. Ihre kontaktfähige, einfühlende Natur neigte zum Hin und Her, aber ein unabweisbarer innerer Ruf sagte ihr, dies sei nicht ihr eigentliches Leben mit Gott. „Auf diesem ungestümen Meer trieb ich fast zwanzig Jahre dahin, ich fiel und stand wieder auf und fiel wieder hin. Mein Leben war so unvollkommen, auf leichte Sünden achtete ich nicht. Vor schweren Sünden hatte ich Angst. Aber ich mied nicht die Gelegenheit dazu. Diese Lebensweise scheint mir die schrecklichste zu sein, die es gibt. Ich hatte keine Freude an Gott, aber auch nicht an der Welt."[186] Die Gebetsstunden ödeten Teresa an. Sie horchte auf die Uhr, ob die Gebetsstunde nicht bald vorüber sei. Es überfielen sie Depressionen, weil sie mit Gott nichts anfangen konnte. „Man konnte mir keine größere Buße auferlegen, als mich zum Gebet zu sammeln. Die Traurigkeit, die mich beim Betreten des Gebetsraumes überfiel, war fast unerträglich."[187]

Das innere Sich-eins-Wissen mit Gottes Ruf ist für einen Menschen, der die Berufung zum Ordensleben in sich spürt, Quelle tiefen, beständigen Glücks. Diesen Frieden entbehrte Teresa. Sie erkannte noch nicht das geheime Gesetz, daß Freude an Gott die Freude an Gottes Welt nicht ausschließt. „Welt" war für Teresa im Sprachgebrauch ihrer Zeit zunächst nur Versuchung, oberflächliches Tun, Ichbezogenheit. Da Teresa die „Welt" nicht loslassen konnte, blieb ihr Inneres zerrissen. „Ich führte damals ein Leben voller Qual. Ich hatte große Freude an geistlichen Dingen, aber die weltlichen fesselten mich auch. Ich wollte zwei so entgegengesetzte Dinge wie das geistliche Leben und die sinnliche Freude vereinen. Das Gebet verursachte mir große Beschwerden. Mein Geist war nicht Herr, sondern Sklave. Ich konnte mich nicht in mich einschließen, ohne zugleich tausend Nichtigkeiten mit einzuschließen."[188]

Mit sich selbst uneins, wollte Teresa anderen helfen: „Mit welcher Blindheit war ich geschlagen, daß ich mein eigenes Heil vernachlässigte, um das anderer zu fördern."[189] Teresa gab das innere Beten auf, sie fühlte, daß sie seelisch krank war. Langsam bahnte sich durch die Hilfe theologischer Begleitung eine Wende an. „Ein Dominikaner machte mich darauf aufmerksam, welchem Unheil ich entgegenging. Nachdem ich Verschiedenes mit ihm besprochen hatte, sagte ich ihm, wie es bei mir mit dem inneren Beten bestellt sei. Er riet mir, es nicht aufzugeben, es könnte mir sehr hilfreich sein. Von da ab unterließ ich das innere Gebet nicht mehr."[190]

Das Problem Ordensgehorsam, wie wir es oft in einer gewissen Engführung auslegen, stellte sich Teresa nicht. Sie war nicht der Meinung, durch bloßes Einhalten der Ordensvorschriften würde geistliches Leben wachsen. Ihr Problem war eher, wie sie einem Gott treu sein und ihr ganzes Leben auf ihn bauen konnte, wenn sie keine Hilfen erhielt, um ihre Identität zu finden. Ihr fehlten, wie den Frauen ihrer Zeit überhaupt, Schulung und Arbeitsplanung, sachliche Hilfen zur Objektivierung eigener Probleme und zur Förderung psychischer Entwicklung. Sie brauchte Menschen, die ähnliche Erfahrungen hatten wie sie oder die ihr zumindest Rat im Glaubensleben geben konnten.

Teresa stand im Gärungsprozeß ihrer Zeit. Die Fähigkeit zur Selbstanalyse, zur Eigen- und Fremdwahrnehmung, waren Kennzeichen der Menschen ihres Jahrhunderts. Der Horizont des ontologisch − vom Sein her − denkenden Mittelalters wurde durchbrochen vom Nominalismus der Neuzeit. Luthers Frage „Wie gewinne ich einen gnädigen Gott?" war auch das Existenzproblem Teresas, allerdings in einem anderen Denk- und Lebensrahmen. Die umwerfenden neuen naturwissenschaftlichen Erkenntnisse machten sich im Selbstbild des Menschen bemerkbar. Ein Mensch, der seine Erde nicht mehr als die Mitte des Kosmos erleben konnte, sondern als ein Stäubchen im Weltall, bedurfte anderer Weisen der Identifikation, um mit sich und Gott ins reine zu kommen. Luther fand in der Übersetzung der Schrift eine neue Welt, mit der er sich identifizieren konnte. Teresa fand im eigenen Innern, in der Berührung von Person zu Person, einen Ort, den sie als unveräußerlich, als einmalig erfuhr. Sie verglich ihn − in einem Bild ihrer Zeit − mit der Festigkeit einer Burg. Gebet als Leistung vor Gott, als Vorzeigen guten Willens, als Beschwichtigung eines drohenden Richters, genügte ihrem Suchen nicht. Letztes Kriterium für die Echtheit auch der tiefsten Erfahrungen war für sie die Übereinstimmung mit der Lehre der Kirche. Alle Gespräche, die sie mit Männern der Kirche, mit den Theologen ihrer Zeit führte, entsprangen dem Wunsch, in Einheit mit der Kirche zu leben und dennoch der drängenden Frage standzuhalten: Wie kann ich vor Gott wahrhaftig sein, wie kann ich in Vertrauen und Liebe vor ihm leben?

Existentielle Beziehung zu Gott wurde für Teresa „stille Hingabe ohne Geräusch". Erst aus dieser horchenden, für Gott offenen Stille konnte echtes Künden erwachsen. Teresa suchte die Quelle in sich, Luther erfuhr die befreiende Wirkung des Wortes Gottes. Während Luther die Grenzen der Kirche glaubte aufbrechen zu müssen, mahnte Teresa zur Verteidigung der bedrohten Einheit. Beide fühlten die eigene Verunsicherung, den Prozeß der Neuwerdung, beide brauchten eine Instanz, die sie schützte, die ihre Erfahrungen mit Gott bestätigte: das Wort Gottes − und die konkrete Glaubensgemeinschaft. „Ich glaube fest, daß Gott es nicht zuläßt, daß der Teufel einen Menschen in die Irre führt, wenn dieser in nichts auf sich selbst vertraut und bereit ist, für jeden Glaubensartikel der Kirche zu sterben. Wer an diesem Glauben hängt, der ihm unmittelbar von Gott eingegossen ist ...', sucht immer mit dem übereinzustimmen, was die Kirche glaubt. Daher holt er sich bald da, bald dort Rat."[191] Welche Vitalität der Glaubenserfahrung! Heute würde es uns schwerfallen, den Glauben als „unmittelbar von Gott eingegossen" zu artikulieren. Gleich Luther war auch für Teresa die Schrift Norm des Glaubens. Teresa war jedoch nicht in der Lage, die Schrift selbst zu studieren, sie war auf das Gespräch mit den Theologen angewiesen. „Nach meiner Erfahrung kommt eine Offenbarung nur dann von Gott, wenn sie mit der Heiligen Schrift übereinstimmt."[192]

Nicht alle Priester, die Teresa zu Rate zog, waren ihrer Aufgabe gewachsen. Teresa litt unter falscher Führung. Oft mangelte es an Sachwissen und Erfahrung. Und zu rasch wurde in der Beichtpastoral mit der Einwirkung des Bösen gerechnet. „Ich verstehe nicht, warum wir so ängstlich sind und rufen ‚der Teufel, der Teufel', wo wir doch ‚Gott, Gott' sagen können, denn er zittert, der Böse ... Was soll diese Angst? Ich fürchte jene, die vor dem Teufel solche Angst haben, mehr als den Teufel selbst. Der Böse kann mir nichts anhaben, während die andern einen in große Unruhe versetzen, besonders wenn sie Beichtväter sind. Einige Jahre litt ich viel unter ihnen. Ich wundere mich, wie ich es ausgehalten habe."[193] Sie fand aber auch gute geistliche Berater.

Teresa hatte nicht nur tiefe Erfahrungen mit Gott, sie war auch fähig zu organisieren und eine Lebensordnung für ihre künftigen Schwestern zu entwerfen. Grundlage war für sie die Regel, die von einer Eremitengruppe Anfang des 13. Jahrhunderts gelebt wurde. Teresa identifizierte ihr Verlangen nach Einsamkeit und Gotteserfahrung mit dem „Geist der Väter". Gleichzeitig brachte sie ihr eigenes Charisma ein: Kommunikation mit Gott hat Kommunikation mit den

Menschen zur Folge. Seit ihrer Klostergründung war für Teresa ihre Gabe der Kommunikation nicht mehr Last und Versuchung, sondern Auftrag, die Menschen, die ihr begegneten, für Gott zu gewinnen. Auch jetzt mußte sie Hartes auf sich nehmen. Aber sie litt nicht mehr nur an sich selbst, das Kreisen um die eigenen Probleme hörte auf, das Für-die-Andern, für die konkrete Kirche, wurde bestimmend.

„Beginnt ein Ordensmann oder eine Ordensfrau die eigene Berufung treu zu verwirklichen, müssen sie mehr Angst vor ihren Hausbewohnern haben als vor dem Bösen selbst. Sie müssen vorsichtiger sein, wenn sie von ihrer Freundschaft mit Gott sprechen, als von anderen weniger guten Freundschaften. Ich wundere mich nicht, daß es in der Kirche so manches Ungute gibt, wenn jene, die anderen vorangehen sollten, das Werk, das der Heilige Geist in früheren Zeiten den Orden geschenkt hat, so gründlich zerstören."[194] Teresas Rückkehr zu den Quellen war gleichzeitig ein Ausschreiten in die Zukunft, eine Integration des Jetzt.

Ihre engste Mitarbeiterin, Ana de Jesús, bezeugt: „Kaum war bei ihren Gründungen die Priorin durch den Oberen oder durch geheime Wahl aufgestellt, so legte unsere Mutter das Amt als Vorsteherin nieder und weigerte sich, im Chor auch nur einmal das Zeichen zu geben. War die Priorin abwesend, und bat man sie, antwortete sie: ‚Die Subpriorin soll es tun. Ich bin hier wie eine von euch.'"[195] Diese Aussage zeigt uns das Christusförmige in Teresas Ordenskonzeption. „Colégio de Christo" nannte sie ihre kleinen Klöster. Jesus und die Zwölf, das war ihr Traum. In einer Gruppe von dreizehn Schwestern sollte das Miteinander und Füreinander gelebt werden, wie Jesus es uns im Evangelium gezeigt hat.

Teresa spricht viel vom Gehorsam. Alle ihre Bücher beginnen mit der Erwähnung, daß sie nicht aus eigenem Antrieb, sondern auf den Rat eines Beichtvaters, eines Theologen, ihre Erfahrungen mit Gott niedergeschrieben habe. Diese Gehorsamsversicherung war jedoch nicht nur ein „geistlicher

114

Akt", sondern auch eine Absicherung gegen die Inquisition, die das erste Werk Teresas, ihre Autobiographie, beschlagnahmt hatte. Einmal sollte Teresa Schiedsrichterin in einem geistlichen Wettstreit sein, den der Bischof von Avila wünschte. Dazu schrieb sie: „Der Herr stehe mir bei, damit ich nicht etwas sage, weshalb man mich bei der Inquisition verklagen könnte, denn wegen der vielen Geschäfte und Briefe, die ich von der vergangenen Nacht bis jetzt geschrieben habe, ist mein Kopf sehr geschwächt. Doch der Gehorsam kann alles, deshalb will ich auch dem Auftrag Eurer bischöflichen Gnaden nachkommen." [196]

Wie sehr im Spanien Teresas die Inquisition alles beobachtete, sehen wir aus dem Bericht der Priorin von Sevilla, María de San José: „Um diese Zeit hatten wir in unser Kloster eine Schwester aufgenommen, die als sehr heilig galt. Da sie sich an unsere Lebensweise nicht gewöhnen konnte, besprach sie, ohne daß unsere Mutter etwas davon wußte, ihren Austritt mit einigen Geistlichen ... Nachdem die arme Frau fort war, wollte sie, um ihre Unbeständigkeit zu beschönigen, uns bei der Inquisition anklagen und uns beschuldigen, wir hingen den Irrtümern der Illuminaten an. Sie fügte zahllose Lügen hinzu, um unsere Mutter anzuklagen. Es kam ein Abgesandter von der Inquisition, um ein Zeugenverhör im Kloster vorzunehmen. Nachdem die Wahrheit ans Licht gekommen war ..., blieb alles, wie es war." [197] Teresa geriet durch diese Ereignisse in innere Unruhe. Sie wollte dem Befehl des Ordensgenerals, sich in ein Kloster in Kastilien zurückzuziehen, sofort nachkommen. Der Visitator dagegen befahl ihr, ruhig zu bleiben und die schwierige Klostergründung in Sevilla abzuschließen.

Unter Ordensgehorsam verstand Teresa nicht das sklavische Befolgen eines Auftrags, sondern das Fragen nach dem Willen Gottes, wie er zum Wohle einer Sache am besten ausgeführt wird.

Bei der Gründung ihres ersten Klosters, San José in Avila,

war Teresa in Schwierigkeiten geraten. Entweder mußte sie die Gründung unterlassen — denn der Provinzial hatte seine Erlaubnis zurückgenommen —, oder sie mußte sich an den Bischof wenden. Teresa tat das zweite, und die Gründung war gerettet. Einige Stunden nach der Errichtung des Klosters überfielen sie Ängste. Sie machte sich Vorwürfe, das Kloster nicht im Gehorsam, also ohne Auftrag des Provinzials gegründet zu haben. Nicht durch äußere Beeinflussung, sondern durch innere Gewißheit wurde ihr klar, daß sie trotz gegenteiligem Anschein recht gehandelt hatte. „Gott gab mir einen Strahl seines Lichtes, ich erkannte, was richtig war und daß alle Ängste nur vom Teufel kamen."[198]

Gehorsam darf auch nicht als Augendienerei gegenüber den Vorgesetzten mißverstanden werden. Teresa ermahnte vielmehr ihre Schwestern, sich auf dem Weg zu Gott nicht vom positiven oder negativen Verhalten der Oberen beunruhigen zu lassen: „Meine Töchter, macht euch doch um der Liebe Gottes willen nichts aus der Gunst der Oberen. Jede tue, was sie soll; und wenn der Obere es ihr nicht dankt, ist sie sicher, daß der Herr es ihr bezahlen und danken wird. Suchen wir doch in diesem Leben keinen Lohn ... Richtet eure Augen nach innen, wie ich es euch gesagt habe. Dort werdet ihr euren Meister finden, der euch nie fehlen wird."[199]

In Teresas Gehorsam waren zwei Elemente miteinander verbunden: Hören auf Gott, Sich-beraten-Lassen von denen, die in der Kirche das Evangelium auslegen, sowie freimütige, eigene Entscheidung, auch gegen großen psychischen Widerstand, sobald die innere Gewißheit sich einstellte. Kriterium für die innere Gewißheit war für Teresa: innerer Friede, Vertrauen. Falsche Demut ist nach ihr unruhig und hektisch, wahre Demut ist Hören auf Gott, sie kann Widerstände ertragen. „Wenn ich Gott die Sorge für das Notwendige überlasse, heißt das nicht, daß ich mich nicht selbst darum mühe. Ich will damit sagen, daß ich nicht in Unruhe ans

Werk gehe. Seit Gott mir diese Freiheit geschenkt hat, fühle ich mich wohl. Ich versuche, so gut als möglich, mich selbst zu vergessen."[200] Gehorchen war für Teresa: sich orientieren am Vorgegebenen, dabei aber das Eigene, Gottgeschenkte einbringen. Darum verlor sie auch unter größten Leiden und Verfolgungen ihre Fröhlichkeit nicht: „Es ist etwas Großes um die Sicherheit des Gewissens und um die Freiheit des Geistes."[201]

In allen Schriften Teresas begegnen wir dem, was man den „Teresianischen Humanismus"[202] nennen kann. Gehorsam war für Teresa nicht etwas Einengendes, die Persönlichkeit Hemmendes. Der teresianische Gehorsam schenkt der Persönlichkeit Freiheit und Weite in Gott. Er befreit den Menschen von fruchtlosem Kreisen um sich selbst, er macht fähig zum Handeln für Gott und den Nächsten. „Hier gewinnt man jene Ruhe, die denen, die Gott gefallen wollen, so kostbar ist. Geben sie sich in Wahrheit diesem heiligen Gehorsam hin, unterwerfen sie ihren Verstand, so daß sie keine andere Meinung haben wollen als die ihres Beichtvaters, oder wenn es Ordensleute sind, als die ihres Oberen, dann hört der Teufel auf, diese Menschen weiterhin mit seinen Beunruhigungen anzufechten."[203]

Gehorsam hat für Teresa etwas zu tun mit Führung. Der Mensch bedarf der „Erinnerung, daß er seinen Willen mit aller Entschiedenheit dem Willen Gottes unterworfen hat, indem er ihn jenem übergibt, der seine Stelle vertritt".[204] Diese Aussagen dürfen nicht absolut gesehen werden, wie es immer wieder im Laufe der Kirchen- und Ordensgeschichte geschehen ist. Führung, die den Menschen frei machen sollte, wurde zur Fessel, ließ die Persönlichkeit oft verkümmern. Bei Teresa und ihren Schwestern merken wir keine Verkümmerung. Führung in teresianischer Sicht ist etwas, was freiwillig übernommen wird, was daher auch jederzeit hinterfragbar ist. Kein Mensch ist Gott selbst. Führung heißt, einen Weg gemeinsam antreten, in dem der eine dem andern zum Weg wird. Führung verliert ihren Sinn, wo der Führende sich selbst an die Stelle Gottes setzt. Gehorchen heißt für Teresa, Ängste abbauen, frei werden im Vertrauen auf den Rat anderer, aber auch fehlerhafte Führung aufgeben, wenn sie nicht zum Frieden in Gott, zur eigenen Identität führt.

In ihren Klöstern wünschte Teresa keinen engen und finsteren Gehorsam. „Muß jemand im Orden unter einem Oberen leben, der weder Klugheit, Wissen noch Erfahrung besitzt, dann hat er kein geringes Kreuz zu tragen, wenn er freiwillig seinen Verstand einem unvernünftigen Menschen unterwirft. Ich habe es nie gekonnt, und ich finde es auch nicht gut."[205] Zur Würde des Menschen gehört es, nach innerer Einsicht, nach dem Gewissen zu handeln. Dieses Gewissen muß nach Teresa im Gespräch sein mit der Botschaft Jesu, mit der Kirche, die sich auf Jesus beruft. Teresa hat für ihre kleinen Klöster eine Art demokratisches Regierungsmodell vor Augen. „Wenn die Nonnen so sind, wie sie sein sollen, was hat es dann für eine Bedeutung, wer Priorin ist?",[206] sagte sie in Alba de Tormes, als es Schwierigkeiten bei der Wahl der Priorin gab. Teresa wünschte für jede Schwester die Fähigkeit, einer kleinen Gruppe vorstehen zu können. Oberin sein heißt für Teresa, auf die Bedürfnisse der Schwestern zu achten, eine Ordnung zu garantieren, die den Schwestern die Nachfolge Jesu, das Einander-Dienen und -Helfen erleichtert. An die Priorin von Sevilla schrieb sie: „Leiten Sie die Schwestern nicht mit der Strenge, die ich in Malagón gesehen habe. Die Schwestern sind keine Sklaven, und die Buße hat nur Sinn, wenn sie uns weiterhilft."[207] Zu einem Ordensmann sagte sie: „Sie müssen verstehen, ich lege großen Wert auf Tugenden, aber nicht auf Strenge. Sie können dies in all unseren Häusern sehen. Vielleicht kommt es daher, daß ich selbst so wenig bußfertig bin."[208] Ein Jahr vor ihrem Tod schrieb Teresa: „Ich denke über die Leitung eines Hauses nicht mehr wie früher. Jetzt geht alles mit Liebe. Ich weiß nicht, ob ich so handle, weil man mich nicht anders läßt, oder weil ich eingesehen habe, daß so alles am besten geht."[209]

Im Gegensatz zu ihrem späteren Mitarbeiter, dem Italiener Nicolás Doria, der im Orden eine harte Linie durchzusetzen suchte, lehnte Teresa jeden Rigorismus ab. Über die Visitation in einem ihrer Klöster äußert sie sich ärgerlich: „Sehen Sie sich doch die langweiligen Verordnungen an, die Pater Juan de Jesús gemacht hat ... Zu was soll das dienen? Gerade das fürchten ja meine Schwestern, daß strenge Vorgesetzte kommen könnten, die sie bedrücken und ihnen viel aufladen. Welcher Unsinn. Es ist doch seltsam zu meinen, man habe ein Kloster nur dann visitiert, wenn man viele Vorschriften hinterlassen habe ... Schon das Lesen dieser Vorschriften hat mich ermüdet. Wie erginge es mir, wenn ich sie halten müßte! Ich glaube, unsere Regel erträgt keine strengen Vorgesetzten, sie ist selbst streng genug ... Möge Gott uns frei machen von allen Geschöpfen und uns begreifen lassen, daß wir nichts außer ihm nötig haben."[210]

Gehorsam einem Oberen gegenüber hat nach Teresa nur Sinn, wenn dadurch Freiheit des Geistes, Demut und Liebe gefördert werden. Oft führte eine falsch verstandene Gehorsamsauslegung zur Abhängigkeit, zur Blockierung von Reifungsprozessen. Härte in der Leitung begünstigte häufig eine geistliche Werkgerechtigkeit, die Teresa zu Recht ablehnte. Teresa gründete ihre Klöster nicht, um eine sensationelle Lebensstrenge einzuführen, sondern um ihre Schwestern und Brüder für die Nachfolge Jesu zu gewinnen. Da Jesus arm gelebt hatte, wollte auch sie arm leben. Bei der Aufnahme von Kandidatinnen für ihre Klöster nahm Teresa in gleicher Weise arme wie begüterte Frauen auf. An die Priorin von Soria schrieb sie: „Daß es der Mutter Subpriorin besser geht, freut mich. Wenn sie beständig Fleisch essen muß, so macht das nichts, selbst wenn es in der Fastenzeit wäre. Das ist nicht gegen die Regel, weil eine Notwendigkeit vorliegt. Seien Sie in diesem Punkt nicht eng. Ich bitte unsern Herrn, er möge Ihnen Tugenden geben, besonders Demut und gegenseitige Liebe, das ist das Wichtigste."[211]

Sosehr Teresa dem einsamen Gebet in der Tagesordnung für ihre Konvente den Vorrang einräumte, sosehr betonte sie, daß man aus Gründen des Gehorsams und der Nächstenliebe bereit sein müsse, gegebenenfalls auf dieses Beten zu verzichten. „In diesen Fällen erfordern die anfallenden Pflichten, die Zeit zu opfern, die wir gerne Gott widmen möchten", dies heißt, „Gott erfreuen und für ihn arbeiten, denn er sagt selbst: ‚Was ihr einem der geringsten Brüder getan habt, das habt ihr mir getan' (Mt 25,40). Und was den Gehorsam betrifft, so will Gott nicht, daß wir einen anderen Weg gehen als er, und wer ihn in Wahrheit liebt, der folge ihm, ‚der gehorsam war bis in den Tod' (Phil 2,8)."[212] „Wie wenig können jene ruhen, wenn sie sehen, daß sie ein wenig dazu beitragen, daß nur einem einzigen Menschen zum Fortschritt im Guten geholfen wird, zu größerer Liebe, zum Trost, oder zur Befreiung aus einer Gefahr ... Es wäre schlimm, wenn wir uns weigern würden, etwas Wichtiges sofort zu tun, wenn Gott uns deutlich einen Auftrag gibt, und wir es vorziehen würden, innerlich zu beten, weil dies gerade uns mehr liegt. Das wäre ein schöner Fortschritt in der Liebe Gottes. Wir würden ihm damit die Hände binden im Wahn, Gott könnte uns nur auf einem einzigen Weg voranbringen."[213]

Ana de Jesús sagte von Teresa: „In den Klöstern bediente sie uns oft im Speisesaal und im Krankenzimmer. So stillte sie ihr sehnsüchtiges Verlangen, die Nächstenliebe zu üben. Sie äußerte, daß sie jene sehr beneide, die beständig Gelegenheit hätten, Nächstenliebe zu üben. Wir sollten es wenigstens durch das Gebet tun."[214]

Teresa übte ihre Autorität klug und sachgemäß aus. Sie hatte mit ihren Gründungen eine Bewegung eingeleitet, die nach raschem Handeln drängte. Manchmal sträubten sich ihre Mitarbeiterinnen, Ämter oder Verpflichtungen zu übernehmen, sie fühlten sich zu jung oder überfordert. Teresa ent-

gegnete in solchen Fällen, wie wiederum Ana de Jesús berichtet, auch Franziskus und Dominikus hätten bei der Gründung ihrer Klöster Menschen gebraucht, die ihnen kurz zuvor von Gott geschickt worden seien; „wir sollten uns nur
bemühen, vollkommen zu handeln, das sei die Hauptsa-
che."[215]

Wie Jesus Jünger in seinen Dienst nahm und sie alsbald zur
Verkündigung seiner frohen Botschaft aussandte, so hatte
auch Teresa wenig Zeit, ihre Schwestern für das zu formen,
wofür sie sie einsetzte. „Traurige Leute liebte sie nicht, und
darum wollte sie auch nicht, daß jemand in ihrer Begleitung
sich traurig zeigte. ‚Gott bewahre mich vor verdrießlichen
Heiligen', sagte sie", wie Ana de San Bartolomé überliefert.[216] Teresa förderte bei ihren Schwestern, was wir seit
dem 2. Vatikanischen Konzil „aktiven und verantwortlichen
Gehorsam" nennen.

Hart ging Teresa mit dem Streben nach Ehre ins Gericht.
In ihren Konventen war es unwichtig, wer von adeliger Herkunft war oder nicht. Damit die Schwestern diese Vorstellungen von Ehre losließen, gab jede ihren Familiennamen auf
und nahm einen geistlichen Namen an. Aus der Adeligen Teresa de Ahumada wurde eine Teresa de Jesús. Das war keine
fromme Spielerei. Teresa war realistisch genug, um zu wissen, daß auch die heiligste Ordnung von Sünde nicht ver-
schont bleibt. Ihre Ermahnung an die Schwestern ist zugleich
Zeitkritik: „Auch in den Klöstern erfindet (der Teufel) Fragen der Ehre und führt wie in der Welt seine Gesetze ein,
nach denen man in den Würden auf- und absteigt. Da behaupten die Gelehrten ihren Rang, je nach den Wissenschaften, die sie lehren. Ich verstehe das nicht. Liest einer z. B.
Theologie, darf er nicht herabsteigen, um Philosophie zu lesen. Das ist nämlich eine Frage der Ehre, daß er auf- und
nicht absteigt. Sollte er im Gehorsam herabsteigen, hält er
das für eine Beleidigung. Andere unterstützen ihn darin und
halten dies für eine Schande. Der Teufel kommt mit Grün-

den, so daß der Ordensmann annimmt, er habe das göttliche Recht auf seiner Seite. Nicht anders ist es bei uns Nonnen. Ist eine Priorin gewesen, darf sie zu keinem niedrigeren Amt gebraucht werden. Ist eine Schwester älter, muß auf sie mehr Rücksicht genommen werden. Das übersehen wir nicht, und halten es sogar noch für ein Verdienst, weil der Orden dies vorschreibt. Wirklich, man kann darüber lachen, obwohl man eher weinen sollte. Der Orden befiehlt doch nicht, wir sollten keine Demut haben. Sicher schreibt er eine Ordnung vor. Meine eigene Ehre sollte mir aber nicht so wichtig sein."[217]

Ordensgehorsam hat für Teresa etwas mit Ordnung, mit menschlichem Miteinander und Zueinander zu tun, mit der Fähigkeit, sich einem größeren Ganzen einordnen zu können. Frucht dieser schwesterlichen Gemeinschaft, dieses Gehorchens um Jesu willen, ist der Friede, den Jesus denen verheißt, die ihm nachfolgen. Ziel dieses Lebens in Gemeinschaft ist eine tiefe, unzerstörbare Freundschaft mit Gott, Gehorchen wird zur „Gewaltenteilung". „Der Herr schenkt dem Menschen eine solche Freundschaft, daß er ihm nicht nur den eigenen Willen wieder läßt, sondern den seinen noch dazu gibt. In dieser Freundschaft ist es für ihn eine Freude, daß sich beide (Gott und Mensch), wie man zu sagen pflegt, gegenseitig in die Herrschaft teilen."[218] Der Liebende erkennt, daß er alles, was er besitzt, empfangen hat. Diese Fähigkeit zu empfangen ist das höchste Tun, zu dem der Mensch von Gott befähigt wird. Die Erkenntnis, daß das Geschöpf nichts ist aus eigener Machtvollkommenheit, verhilft ihm zu seiner eigentlichen Größe. „Nur wer demütig ist, kann hier etwas leisten. Diese Demut wird nicht erworben durch verstandesmäßiges Nachdenken, sondern durch eine klare Schau der Wahrheit."[219]

Bis in ihr Sterben hinein betonte Teresa, daß sie „Tochter der Kirche" sei. Dieses Tochtersein bedeutete für sie nicht falsche Abhängigkeit und Infantilismus, sondern Sein vor

Gott, zu dem uns Jesus befreit hat. Teresa kannte keine Untertanengesinnung, sie liebte keine Befehlsempfängerinnen. Teresa war ein.Mensch, bereit, sich von Gott gebrauchen und verbrauchen zu lassen. Gehorchen hieß für sie, in unabdingbarer Treue zur Glaubensgemeinschaft zu stehen, die ihr das Leben mit Jesus Christus vermittelt hatte. Diese Treue schloß aufbauende Kritik nicht aus: Gründung eines neuen Klosters, Gründung eines neuen Ordenszweiges, der nach ihrem Tod zu einem neuen Orden wurde. Gehorchen in einem Orden hieß für Teresa, ihr eigenes Leben einzusetzen, es aufs Spiel zu setzen, es von innen heraus von Christus erneuern und verwandeln zu lassen. Das ist ihr gelungen, mit Gottes Kraft.

Teresa und die Frau unserer Zeit

Teresa hatte eine liebenswürdige freund-
liche und angenehme Art, so daß sie al-
le, welche sie kannten und mit ihr zu tun
hatten, für sich gewann und daß alle sie
liebten. Sie hatte einen Abscheu vor der
rauhen und abstoßenden Art mancher
Heiliger, durch welche diese sich selber
und die Vollkommenheit unsympathisch
machen.

Jerónimo Gracián

Meine Tante war so lebhaft und unge-
zwungen, daß die Leute nicht glauben
konnten, wie heilig sie sei.

Teresita, eine Nichte Teresas

Hat Teresa der Frau unserer Zeit etwas zu sagen, außer ihrer
Lehre über das Gebet? Durch eine einseitige Übersetzung ihrer Worte „mujer" (Frau) und „mujercilla" (kleine Frau,
Frauchen) mit „Frauensperson", „Weibsperson", „Weib",
„Weiblein" könnte man den Eindruck gewinnen, sie habe ein
Frauenbild vor Augen − eben das des 16. Jahrhunderts −,
mit dem wir heute nicht mehr viel anzufangen wissen. Teresa
selbst habe durch ihre große Begabung und kraftvolle Natur
herausgeragt, durch die Gnade Gottes der Kirche ein Charisma geschenkt, aber als Persönlichkeit sei sie wegen ihrer
zeitgebundenen Auffassung für die heutige Frau uninteres-
sant.

Je mehr man ihre Schriften, auch im Urtext, liest und die
Zeugnisse ihrer Zeitgenossen betrachtet, um so stärker ist
man gefesselt von einer Persönlichkeit, die ganz Mensch ihrer Zeit und doch in vielen Einsichten ihrem Jahrhundert
weit voraus war. Daß sie dafür entsprechend zahlen mußte,
macht sie nur noch anziehender.

Wenn Karl Rahner von der heutigen Frau sagte, es würden ihr in der Kirche noch längst nicht jene Aufgaben und Rechte anvertraut, die ihr zukämen, so fragte er auch, „ob die Frau selbst heute in der Kirche wirklich bereit ist, ihre Stellung und Funktion einzunehmen, die sie haben kann, wenn sie will".[220] Die größere Freiheit hilft ihr wenig, wenn sie nicht mit vollem Einsatz das anstrebt, was ihr zusteht.

Trotz großer, kulturgeschichtlich bedingter Freiheitsbeschränkung setzte sich Teresa voll und ganz für das als richtig Erkannte ein. Oft unter Ängsten und Zweifeln, dadurch aber mit um so größerer Tapferkeit. In den schwierigsten Situationen, wenn Männer verzagten, blieb Teresa der ruhende Pol. Ein evangelischer Theologe schreibt: „In dem dreiviertel Jahr, das Johannes vom Kreuz im Kerker zubrachte, und in den Monaten nach seiner Flucht spitzten sich die Kämpfe immer mehr zu, so daß man schon das Ende der Reform für gekommen hielt. Die einzige, die in der verworrensten Lage einen klaren Kopf behielt und die sich auch in den aussichtslosesten Situationen nicht entmutigen ließ, war Teresa, die nicht klagte noch jammerte, sondern sich nur fragte, was zu tun möglich und notwendig wäre, die kühl überlegte, welche Wege man beschreiten und wo man Hilfe finden könnte. In dem allgemeinen Schwanken und der stets weiter um sich greifenden Verzagtheit war sie die einzig wahrhaft männliche Figur."[221]

Ganz anderer Ansicht ist ein Zeitgenosse Teresas, der Päpstliche Nuntius in Madrid, Philipp Sega, wenn er 1578 von Teresa sagt: „Sie ist ein unruhiges Frauenzimmer, herumstreunend, ungehorsam und verstockt; unter dem Schein der Frömmigkeit denkt sie falsche Lehren aus; entgegen den Anordnungen des Konzils (von Trient) und ihrer Ordensoberen verletzt sie die Klausur; ferner doziert sie wie ein Theologieprofessor, obgleich der heilige Paulus sagt, daß die Frauen nicht lehren dürfen."[222]

Das beleuchtet wohl zur Genüge die Einschätzung der Frau

im allgemeinen und die Schwierigkeiten, mit denen Teresa bei ihrem Reformwerk zu kämpfen hatte. Während heute die Stellung des Laien und die Aufgabe der Frau in der Kirche neu gesehen und erkämpft werden müssen, gestand man zu Teresas Zeiten der Frau nicht einmal die Fähigkeit zur Meditation und Kontemplation zu.

Teresa war hineingeboren in eine Zeit, die drei Ströme geistiger Vertiefung und Erneuerung kennzeichneten: die niederländisch-deutsche Strömung der Devotio moderna, die mittelalterliche und traditionelle Elemente in sich barg; die niederländisch-humanistische Richtung eines inneren, vergeistigten Christentums nach Erasmus von Rotterdam und die aus Italien kommende Bewegung Savonarolas. Alle Ordensreformen oder -gründungen waren von diesen Einflüssen geprägt. Um 1500 führten die Benediktiner zum ersten Mal in der Geschichte der Orden zwei volle Stunden gemeinsames inneres Gebet in ihre Tagesordnung ein, die Alcantarianer drei Stunden. Mit all diesen Orden stand Teresa in Verbindung, und sie hat in ihrer Lehre bewußt oder unbewußt die Elemente der drei Erneuerungsbewegungen verarbeitet.[223]

Ihre Aufgabe war es, nicht nur Verwandte, Freundinnen und Theologen für das innere Gebet zu gewinnen, sondern sich in ihren Reformklöstern der geistig-innerlichen Formung der Frau anzunehmen. Zu diesem Zweck gründete sie den männlichen Zweig der Reform, da sie theologische Beratung für ein gesundes Gebetsleben ihrer Schwestern für unerläßlich hielt.

In ihrem Kampf um die Gleichberechtigung der Frau, was die Fähigkeit zur Kontemplation betrifft, fand sie besondere Hilfe bei Petrus von Alcántara, dem Gründer der franziskanischen Reform. Beglückt stellte sie fest: „Es gibt viel mehr Frauen als Männer, denen Gott diese Gnade (des inneren Gebetes) erweist. Wie ich vom heiligen Bruder Pedro de Alcántara gehört und es selbst auch gesehen habe, schreiten Frauen auf dem Weg des Gebets viel rascher voran als Männer. Er gibt ausgezeichnete Gründe dafür an, die ich hier aber nicht zu sagen brauche; sie sprechen alle für die Frauen."[224]

Ein Vorurteil muß man vor allem ausräumen, das oft im Zusammenhang mit Teresas Ernennung zur Kirchenlehrerin vorgebracht wird: Gott bediene sich „ungelehrter" und „ungebildeter" Frauen − als ob Charisma und Bildung der Frau nicht zusammengehören dürften. Solche Argumente entfallen seltsamerweise hinsichtlich der Kirchenlehrer. Bei ihnen setzt man voraus, daß „die Gnade auf der Natur aufbaut", daß ein Charisma nicht vom Himmel fällt und zur Kirchenlehrerwürde allein nicht ausreicht.

Teresa war durchaus keine ungebildete oder ungelehrte Frau. Da ihr der normale Verlauf einer schulmäßigen Bildung vorenthalten war, formte sie ihre reichen Geistesgaben durch unaufhörliches Lesen und durch Gespräche mit den besten Theologen ihrer Zeit. Gewiß hat sie weder Philosophie noch Sprachen oder Rhetorik studiert. Um so interessierter spezialisierte sie sich auf Gebieten wie Meditation, Gespräch mit Gott, psychologische und sachliche Voraussetzungen für die Erfahrung Gottes, Echtheit mystischer Phänomene, „Mystik und Tat", Menschenführung, Menschenbehandlung u. ä. Daneben entwickelte sie hinsichtlich ihrer Reformtätigkeit Fähigkeiten, Finanz- und Bauprobleme zu meistern. Auf Grund ihrer Bildung und ihres beständigen Lernens hatte sie auch in den Fragen der Frau eine Selbständigkeit des Urteils, die sie die Last ihrer geschichtlichen Situation klar erkennen ließ.[225] Das ihr geschenkte Charisma konnte nur infolge der Vorbedingungen Resonanz für die ganze Kirche gewinnen. Ohne Zweifel gibt es viele Frauen und Männer, die ähnliche Erfahrungen mit Gott gemacht haben wie Teresa, jedoch nicht die gleiche Begabung und geistige Formung besaßen, sich auszudrücken.

Papst Paul VI. wurde dieser doppelten Voraussetzung gerecht, wenn er in seiner Homilie am Tag der Ernennung Teresas zur Kirchenlehrerin von den ihr zuteil gewordenen

Charismen sagt: „Was Teresa betrifft, so zeichnet sich ihre Lehre ganz besonders aus durch das Charisma der Wahrheit ... Aber noch ein anderes Charisma verdient bei ihr hervorgehoben zu werden: das Charisma der Weisheit. Wir meinen damit den anziehendsten, aber auch geheimnisvollsten Aspekt an Teresa, der Kirchenlehrerin, nämlich den Einfluß der göttlichen Erleuchtung in dieser außerordentlichen und mystischen Schriftstellerin. Woher hat denn Teresa den Schatz ihrer Lehre? Gewiß, er stammt aus ihrer eigenen Intelligenz; er stammt aus der ihr zuteil gewordenen Bildung in kultureller und geistlicher Hinsicht, aus ihrer Lektüre und ihrem Umgang mit großen Meistern der Theologie und des innerlichen Lebens; er stammt aus ihrer außerordentlichen Sensibilität, ihrer steten und festen asketischen Selbstdisziplin; er stammt aus ihrer kontemplativen Meditation – mit einem Wort: dieser Schatz ihrer Lehre stammt aus einer außerordentlich reich begabten und für die Übung und das Erleben des Gebetes geeigneten Seele, die der ihr zuteil gewordenen Gnade in vollstem Maße entsprochen hat. Doch all dies zusammen war nicht die einzige Quelle ihrer ‚hervorragenden Lehre'. Man muß die Tatsache anerkennen, daß in Teresa Ereignisse, Erlebnisse, Zustände Wirklichkeit geworden sind, die nicht aus ihr selber stammen ... Es ist über jeden Zweifel erhaben, daß wir hier einen Menschen vor uns haben, in dem die außerordentliche Initiative Gottes sich kundtut, eine Initiative Gottes, die von Teresa erfahren und erlebt und mit der ihr eigenen literarischen Fähigkeit beschrieben wird: einfach, getreu und mit großer sprachgestaltender Kraft."[226]

Mit der Erhebung Teresas zur Würde der Kirchenlehrerin wird nach Karl Rahner die Mündigkeit der Frau in der Kirche anerkannt. „Das Charisma der Lehre, und zwar gerichtet an die Kirche als solche, ist kein Privileg des Mannes. Die Vorstellung, als ob die Frau die in geistiger und religiöser Hinsicht Unbegabtere sei, wird damit verworfen. Das Studium der Theologie durch die Frau wird damit ausdrücklich anerkannt, zumal Charisma und methodisch in der Theologie geleistetes Studium nicht als Gegensätze betrachtet werden dürfen. Man sage nicht: Teresa ist eine Ausnahme. Denn alle Kirchenlehrer, auch die Männer unter ihnen, sind Ausnahmen. Und ihre Proklamation als Kirchenlehrerin zeigt ja, daß man früher keine solchen Frauen anerkannte, nicht weil es keine dieses Titels würdige Frauen gab, sondern weil man diesen Titel aus Gründen nicht an Frauen vergab, die eben in der zeit- und kulturgeschichtlichen Einschätzung der Frau wurzelten. 1 Kor 14,34[227] ist durch diese Proklamation als zeitbedingte (und innerhalb ihrer Zeit berechtigte) Norm des Apostels Paulus deutlich geworden."[228] Ähnlich sagt der Karmelit Pietro Barbagli, einer der vom Papst zugezogenen Fachtheologen: „Die klassischen Texte des heiligen Paulus, die sich auf die Tätigkeit der Frauen in der Versammlung der Gemeinde beziehen, haben nur disziplinären und lokalen Charakter, keinen doktrinären und dogmatischen, vor allem aber haben sie keine Beziehung zum Kirchenlehrertitel."[229]

Wie denkt Teresa über die Worte des Paulus? Paulus ist, von der jüdischen Tradition herkommend, der Auffassung, die Frau sei der Abglanz des Mannes, weil sie „aus dem Manne" stamme (1 Kor 11,7f). „Wie bei allen Gemeinden der Heiligen sollen die Frauen in den Gemeindeversammlungen schweigen; denn es ist ihnen nicht gestattet zu reden, sondern sie sollen untertan sein, wie es auch das Gesetz bestimmt. Wenn sie aber etwas lernen wollen, sollen sie zu Hause ihre Männer fragen" (1 Kor 14,34f). Und im 1. Timotheusbrief heißt es: „Die Frau soll in der Stille lernen, in aller Unterordnung; belehrend aufzutreten, gestatte ich der Frau nicht ..., sie soll in der Stille bleiben. Ward doch Adam zuerst erschaffen, vor Eva; auch war es nicht Adam, der sich zuerst betrügen ließ; die Frau wurde betrogen und kam zu Fall" (1 Tim 2,11-14). Diese Worte, die bis in unser Jahrhundert fast als Kirchengebot galten, hielt man auch Teresa vor. Heute wissen wir, daß die negativen Worte des frauen-freundlichen Paulus Einschübe sind von Schülern, die sich der römisch-griechischen Ordnung anpaßten. „Die Frage, die Teresa sich stellen mußte, lautete also: Sollte sie sich weiter-hin für die Kirche einsetzen, wie sie innerlich gedrängt wur-de, oder sollte sie all ihre Tätigkeit einstellen?"[230] „Als ich einst darüber nachdachte", schreibt sie, „ob jene nicht recht hätten, die sich über meine Stiftungsreisen ärgerten und meinten, ich sollte mich besser nur mit Beten beschäftigen, hörte ich (die Worte des Herrn): ‚In diesem Leben soll man sich nicht darum sorgen, mich mehr zu genießen, sondern meinen Willen zu erfüllen.' Auch dachte ich an den heiligen Paulus, der von der Zurückgezogenheit der Frau spricht. Das hatte man mir schon oft gesagt, ehe ich es selbst gelesen hat-te, und ich fragte mich, ob dies der Wille Gottes sei. Da sprach der Herr zu mir: ‚Sage ihnen, sie sollten nicht nur ei-ner Schriftstelle folgen, sondern auch die andern überdenken, ob sie mir dann noch die Hände binden können'."[231]

Teresa litt unter der geringen Einschätzung der Frau. Trotz der Sorgfalt der Inquisition, in ihren Schriften „verdächtige" Stellen zu tilgen, konnte doch der Sinn einiger zerstörter Sät-ze erhalten bleiben. So schreibt Teresa im „Weg der Voll-kommenheit": „Nein, mein Schöpfer, du bist nicht undank-bar, und ich bin sicher, daß du ihr (= der Frauen) Flehen er-hören wirst. Als du auf Erden warst, hast du die Frauen nicht verachtet, sondern sie mit großer Güte umgeben. Du hast bei ihnen mehr Liebe und einen lebendigeren Glauben gefunden als bei den Männern, weil deine heiligste Mutter eine von ihnen war. Ihre Verdienste machen uns Mut, da wir, trotz unserer Sünden, ihr Kleid tragen. Genügt es nicht, Herr, daß die Welt uns hier einschließt? ... Es ist also wahr, daß wir nichts für dich in der Öffentlichkeit tun, noch der Welt ihr Unrecht vorhalten können. Ist es möglich, Herr, daß du solch gerechten Bitten kein Gehör schenken wirst? Nein, Herr, ich kann es nicht glauben, wenn ich deine Güte und Gerechtigkeit betrachte. Du bist ein gerechter Richter und nicht wie die Richter dieser Welt, die alle Söhne Adams und daher Männer sind. Es gibt keine Tugend der Frau, die sie nicht mit Mißtrauen betrachten. Aber, mein König, es wird ein Tag kommen, an dem sie uns alle erkennen werden. Ich spreche nicht für mich. Die Welt kennt mein Elend, und ich bin zufrieden, daß sie es kennt. Wenn ich aber unsere Zeit überblicke, finde ich es durchaus nicht richtig, daß man starke und hochgemute Seelen nur deshalb verachtet, weil sie Frauen sind!"[232] Für das Wort „einschließen" gebraucht Teresa den Begriff „cercar", der für das Einpferchen von Tieren gebraucht wurde. Im Gegensatz zur Ideologie der Schutzgitter in Frauenklöstern späterer Jahrhunderte ist Teresa mit dieser Behandlung der Frauen nicht einverstanden.

„Nur durch ihr unerschütterliches Temperament konnte sich Teresa immer wieder in einer frauenfeindlichen Gesellschaft durchsetzen"; als sie mit ihren Schriften eine „entschieden gegenreformatorische Tätigkeit begann, nahmen viele daran Anstoß; sogar auf der Universität in Salamanca meldeten sich Gegenstimmen".[233]

Viele Gegner Teresas wurden jedoch durch persönliches Bekanntwerden mit ihr umgestimmt oder zu ihren Freunden. Von zwei Professoren der Universität in Salamanca ist folgendes überliefert: Bartolomé de Medina (1527-1580), einer der großen Theologen seiner Zeit, Inhaber des ersten Lehrstuhles an der Universität Salamanca, hatte in öffentlicher Vorlesung über Teresa geäußert, sie sei eines von jenen Weiblein, die von Ort zu Ort herumziehen und denen es besser anstünde, daß sie in ihrem Haus beteten und arbeiteten. Nachdem er einige Zeit später Teresa persönlich kennengelernt hatte, war er von ihr so beeindruckt, daß er seine frühere Aussage öffentlich in der Vorlesung widerrief: „Meine Herren, kürzlich sagte ich an dieser Stelle einige unüberlegte Worte von einer Ordensfrau, die Klöster für unbeschuhte Nonnen gründet; was ich gesagt habe, war schlecht und falsch. Inzwischen habe ich sie kennengelernt und bin sicher, daß sie von Gottes Geist geführt wird und auf einem sehr guten Weg geht." Domingo Báñez (1528-1604), Nachfolger des eben genannten Medina auf dem Lehrstuhl in Salamanca, seit 1562 Beichtvater und Berater Teresas, berichtet in seiner Zeugenaussage zum Heiligsprechungsprozeß Teresas: „Ein Professor des Dominikaner-Ordens mit Namen Juan de Salinas sagte gelegentlich zu mir: ‚Was ist denn das für eine Person, diese Teresa von Jesus, von der ich höre, daß Sie so gut mit ihr stehen? Man darf zu den Tugenden der Frauen kein Vertrauen haben.' Er wollte mich damit zur Vorsicht und Zurückhaltung ihr gegenüber stimmen. Ich antwortete ihm: ‚Nun, Sie gehen doch demnächst nach Toledo; dort können Sie Teresa von Jesus besuchen und sich selber ein Urteil bilden, ob sie diese Wertschätzung verdient.' In der Tat lernte er sie in Toledo, wo er Fastenpredigten zu halten hatte, persönlich kennen. Als ich ihn später wieder traf, fragte ich ihn: ‚Was meinen Sie jetzt von Teresa von Jesus? Darauf antwortete er mir sehr geistreich folgendes: ‚Sie haben mich getäuscht, als Sie mir sagten, daß sie ein Weib sei; wahrhaftig, sie ist es nicht, sondern sie ist ein Mann, und zwar einer von den ganz Bärtigen.'" Von sich selber gestand Domingo Báñez, daß er manche theologische Probleme ganz anders sehe, seitdem er Teresa von Jesus kenne.[234]

Mit ihrer scharfen Beobachtungsgabe, ihrem köstlichen Humor und ihrer großen Menschenkenntnis konnte Teresa Frauen wie Männern ihre Vorzüge und Schwächen aufzeigen. So lacht sie über einen Beichtvater, der glaubt, bei Frauen kenne man sich leicht aus.[235] Sie hält dem Ordensgeneral das Unrecht gegen die Reform vor und fügt dabei besänftigend hinzu: „Obwohl wir Frauen keine guten Ratgeberinnen sind, treffen wir doch manchmal das Richtige."[236] Den Männern wirft Teresa Ungerechtigkeit und Mißachtung der Frau vor, an den Frauen tadelt sie Ängstlichkeit, Empfindlichkeit und mangelnde Entschlußkraft. Darum feuert sie ihre Schwestern an, tapfer zu sein wie Soldaten, mit männlicher Tatkraft zu handeln. Den Männern wünscht sie Güte und Anerkennung der Werte der Frau, verständnisvolles Verhalten. Man kann sich Teresa schlecht mit niedergeschlagenen Augen, ernstem Gesicht und zur Schau getragener Würde vorstellen. Ein Visitator des Klosters der Menschwerdung in Avila berichtet von ihrem Frohsinn, ihrer geistreichen Art, ihrer Gewandtheit, „wenngleich sie sich mit einiger Freiheit bewegte".[237] Bei einem Besuch Teresas in Madrid erwarteten die Hofdamen, die berühmte „Madre Fundadora" werde ihnen einige ihrer mystischen Erfahrungen mitteilen. Als sie im Palast der Doña Leonor de Mascareñas den Salon betrat, in dem sich so viele blasierte Herrschaften befanden, rief sie zu deren Enttäuschung aus: „Wie schön sind die Straßen in Madrid!"[238] Schwestern der franziskanischen Reform in Madrid sagten von ihr: „Gelobt sei Gott, der uns eine Heilige sehen ließ, die wir alle nachahmen können; sie spricht, schläft und ißt wie wir und ist im Umgang nicht umständlich und nicht honigfließenden Geistes."[239] Bis in ihre letzte Stunde hinein blieb Teresa von einer entzückenden Menschlichkeit. Als die Sterbende die Trostlosigkeit ihrer Krankenwärterin, der Schwester Ana de San Bartolomé, bemerkte, rief sie sie zu sich. Ana berichtet: „Sobald sie mich sah, lachte sie mich an und erwies mir viel Güte und Liebe, indem sie mich mit ihren Händen faßte und ihren Kopf in meine Arme legte. In dieser Umarmung blieb sie, bis sie starb; ich war mehr tot als die Heilige."[240]

Die Frau unserer Zeit, die ähnlich wie Teresa mit Schwierigkeiten und Diskriminierungen zu kämpfen hat, findet bei ihr manche Antwort, in welcher Haltung sie die noch anstehende Integration in gesellschaftliche und kirchliche Aufgaben angehen soll. Mut, Tatkraft, Geduld, Glaubensgehorsam, Frohsinn, Ehrlichkeit vor sich selbst und vor anderen, Annehmen der Wirklichkeit, Zähigkeit im Verfolgen gerechter Ziele, Humor — und immer wieder Liebe: dies sind einige Punkte aus Teresas Lebensprogramm. Gut charakterisiert Ernst Schering die Spannungseinheit von innerer und äußerer Aktivität, die Teresa in ihrem Leben verwirklichte: „Versenkung in die innerste Burg der Seele und ihre nach außen gerichtete Aktivität bei der Reform des Ordens ... werden durch ein einziges Grundmotiv ihrer Seele zusammengehalten; das ist die mystische Gewißheit der Gegenwart Gottes sowohl in ihrem Innersten wie in den Aufgaben, zu denen sie sich berufen wußte. Diese Einheit macht die ganze Eigenart dieser großartigen Persönlichkeit aus, es ist die Einheit von Mystik und Tat."[241] Diese Synthese wird von jedem Menschen gefordert, ist aber in besonderer Weise der Frau unserer Zeit aufgetragen.

Zellen in der antlitzlosen Stadt

Obwohl wir Anglikaner den römischen Anspruch, die universale katholische Kirche zu sein, nicht annehmen können, gibt es doch römische Katholiken, von denen wir viel zu lernen haben, was geistliche Lehre und christliche Lebensführung betrifft: zum Beispiel die heilige Teresa, der heilige Johannes vom Kreuz und viele Glaubenszeugen.

Michael Ramsey,
Primas der Anglikanischen Kirche

Anonymität

Wir leben vom Glanz, aber auch von der Not der Städte. Aus der mittelalterlichen, mit Wehrgängen und Absicherungen umgebenen Stadt sind in einer modernen, technisierten, hektischen Welt Großstädte, Ballungszentren geworden, in denen der einzelne sich verunsichert, allein gelassen fühlt, weil er die Zusammenhänge einer solchen Wohnanlage nicht mehr übersieht. Nichts versetzt den Menschen mehr in Angst als Ungewißheit, Unüberschaubarkeit, Nicht-mit-einbezogen-Sein in ein Ganzes. Wir sprechen heute von der Anonymität der Städte, von ihrer Antlitzlosigkeit. Die Städteplaner machen sich Gedanken darüber, wie die Trennung von Arbeits- und Wohnplatz human zu gestalten ist, wie die Zerstörung der natürlichen Ökosysteme verhindert, wie Lärm, Luftverschmutzung und verschlechterten klimatischen Bedingungen durch ausreichende Grünanlagen entgegengewirkt werden kann. Die Stadtsoziologen beschäftigen sich mit den Problemen des sozialen Verhaltens in den Städten, mit der Verkümmerung sozialer Lebensformen und sozialpathologischen Auswüchsen. Andererseits sind Städte mit ihren Satelliten und Ballungszentren nach wie vor Anziehungspunkte für kulturelle und wirtschaftliche Angebote.

Für die Glaubensverkündigung in einer von Städten geprägten Welt heißt dies, daß wir in der Seel-Sorge für den Städter neue Muster für die Pastoral suchen müssen.

Zellen des Gebetes

Teresa war 1535 in ein Frauenkloster am Rand der Stadt Avila eingetreten. Da nicht jede Frau im sozialen Gefüge des Feudalismus heiraten konnte und auch keine weitere schulische Ausbildung für sie vorgesehen war, bildeten sich, vor allem seit dem 12. Jahrhundert, Beginen-Häuser oder Großklöster, in denen Frauen standesgemäß und religiös leben konnten. Die Häuser der Beginen waren eigentlich keine Klöster, viele dieser Frauengemeinschaften schlossen sich aber seit dem Aufblühen des Zisterzienserordens, der Dominikaner und Franziskaner, einem dieser Orden an. Es entstanden Stadtklöster, in denen die Frauen aber vom kulturellen oder universitären Leben ausgeschlossen waren. Das hinderte nicht, daß sich vor allem in den benediktinischen Frauenabteien eine eigene Frauenkultur entwickelte und nicht nur Äbtissinnen eine hohe Bildung genossen.

Zu Beginn ihrer geistlichen Berufung hatte Teresa ein starkes Bedürfnis, sich wie die ersten Eremiten auf dem Berg Karmel in Israel ganz in die Einsamkeit zurückzuziehen, entfernt von der Welt, die zur Sünde Anlaß bot. Je mehr sie sich aber nach innen zur Begegnung mit Gott gezogen wußte, um so stärker fühlte sie sich zu den Menschen gesandt, um sie zu dieser Beziehung mit Gott einzuladen. Da Teresa als Frau ganz eingebunden war in die sozialen Zwänge, die der Frau des spanischen 16. Jahrhunderts auferlegt waren, gewann sie die Menschen für Gott, mit denen sie ganz konkret in ihrer nächsten Umgebung zusammenkam.

Über Jahrhunderte hin gingen Menschen ins Kloster, um

ihr eigenes Heil zu suchen.[242] Auch Teresa war von diesem Heilsindividualismus geprägt, wie sie in ihrer Lebensbeschreibung bekennt. Aber durch Gespräche und Kontakte mit Priestern aus der neuentdeckten Welt Amerikas sowie durch Informationen über die Wirren der Reformation in Deutschland und Frankreich führte Teresas Gotteserfahrung zu einer neuen sozialen Verantwortung im Raum der Kirche. Das Nach-innen-gerichtet-Sein wandelte sich in ein Für-die-anderen-da-Sein, in einen Gebetsdienst für Theologen und Seelsorger. Teresa erkannte, daß der religiöse Versorgungsstatus eines großen Frauenklosters nicht genügte, um die brennenden Probleme der Kirche zu lösen. Sie betonte die Rückkehr zum „Geist der Väter", der betenden Eremiten, aber sie ging gleichsam noch weiter zurück, nämlich bis zum Ursprung, zur ersten Jüngergemeinde, die sich um Jesus scharte. Die kleine Gruppe wurde für sie zur lebendigen Zelle, in der jede die andere kennen und lieben kann und einsatzfähig wird für die Belange der Kirche. Als Teresa 1562 ihr erstes Reformkloster mit vier Schwestern gegründet hatte, dachte sie, sie hätte genug getan. Nach einigen Jahren sah sie, daß dieses Unternehmen weitergehen müsse und daß sie immer neue Zellen bereitstellen sollte, in denen sich Menschen zum Gebet für die Kirche versammelten. Diesem Ziel war alles untergeordnet: Armut, Buße, Ehelosigkeit um des Himmelreiches willen. Das unaufhörliche Gespräch mit Gott, nicht nur in Worten, sollte Taten der Liebe hervorbringen.

Teresas kleine Zellen des Gebetes sind ohne Stadtkultur nicht zu denken. Ihre Klöster konnten sich nicht selbst erhalten wie eine autarke Abtei. In großer Armut und Offenheit wollten ihre Schwestern und Brüder für die Nöte der Zeit dasein. Zeichnet man Teresas Klostergründungen in eine Landkarte Spaniens ein, wirkt diese Karte wie der Plan eines Feldmarschalls, der mit immer neuen Stützpunkten das Land durchzieht, „um dem Herrn der Kirche zu helfen". Teresa wollte Zellen schaffen, von denen Wärme und Leben ausstrahlen sollten in einer Zeit, in der verkopfte Theologie, planloses Dahinleben der reicheren Schichten und starke Unterordnung der Frau in Familie und Kirche an der Tagesordnung waren. Teresas Klostergründungen trugen zur Personalisierung und Verselbständigung der Frauen in ihrer Zeit bei.

Trotz der Kargheit der mönchischen Lebensweise hat Teresa nie einen Bildersturm entfacht oder Bibliotheken verbrannt, wie dies etwa die Inquisition tat. Sie hat gern und viel gelesen, und sie sagt, für Menschen, deren Phantasie unruhig ist, sei Lesen ein gutes Mittel, um in die „innere Burg der Seele" zu gelangen. Ebenso liebte sie Bilder, um sich „an Christus zu erinnern". Es ist bei ihr und auch bei Johannes vom Kreuz nichts von asketischen Übertreibungen zu spüren. Teresa bereiste Städte wie Toledo, Madrid, Salamanca, Sevilla, Medina del Campo, Burgos, Alba de Tormes und andere. Unaufhörlich suchte sie für sich und ihre Schwestern geistige Anregungen durch Theologen und Wissenschaftler. Rechtsgelehrte und Kaufleute standen ihr in ihren Unternehmungen bei.

Kloster als Lebensmodell?

Wie kann ein Lebensmodell, das eine Frau im 16. Jahrhundert entwickelt hat, heute in unseren anonymen, antlitzlosen Städte übertragen werden? Ist es überhaupt noch ein Modell, müssen nicht andere Lebensformen an seine Stelle treten?

Teresas Lebensmodell kann heute, in einer verwandelten Situation, neu Profil gewinnen. Die Grundelemente, die sie zur Heilung der Kirche, der Welt für notwendig hielt, sind heute dieselben wie vor 400 Jahren.

Teresa ließ sich vom Leid der Menschen ansprechen. Im Blick auf das neuentdeckte Amerika schrieb sie an ihren Bruder Don Lorenzo de Cepeda in Quito: „Was mir tief das Herz verwundet, ist der Gedanke, daß so viele Seelen verlorengehen, und auch Ihre Indios kosten mich nicht wenig. Der

Herr gebe ihnen Licht, denn hier wie dort gibt es viel Unheil";[243] zum Konflikt zwischen Spanien und Portugal beteuerte sie in einem Brief an Teotonio de Braganza, den Erzbischof von Ebora in Portugal: „Ich sage Euer Hochwürden, daß ich den neuen Krieg zwischen Spanien und Portugal zutiefst bedaure, daß ich mir den Tod wünschte, wenn es Gott gefiele, um nicht sehen zu müssen, daß soviel Übel in die Welt hereinbricht."[244] Teresa litt unter der Sündhaftigkeit ihrer Zeit. Sie ging nicht daran vorüber, sondern wollte sich − wie Paulus, Caterina von Siena, Therese von Lisieux, Edith Stein u. a. − selbst in die Waagschale werfen. „Ich wünschte mir den Tod, wenn es Gott gefiele." Teresa war nicht zufrieden mit einigen guten Gedanken oder Werken. Sie fühlte, daß sie ihre ganze Existenz einbringen müsse, um das Böse in der Welt zu verringern.

Teresa erkannte etwas Grundlegendes, was ein Theologe unserer Zeit in die Worte faßt: „Die Kirche beginnt erst dann wirklich zu sprechen, wenn sie arm wird."[245]

Das Mönchtum war oft ein Protest gegen Verweltlichung und Überanpassung der Kirche. Die Erfahrung der Mönche und Nonnen war ein Hineingehen in die Armut Christi, ein sich Befreienlassen von der innerweltlichen Diktatur des Haben- und Seinwollens. Der Mönch ist der Arme, der sein Dasein als Geschenk, als reine Gnade erfährt; dadurch wird er ungewollt Heil-Bringer für eine in sich verkrampfte Welt. Frauen und Männer suchten seit dem 4. Jahrhundert diesen Anruf Gottes zu leben, und Teresas Reformbestrebungen im 16. Jahrhundert sind eingebettet in diesen Strom der Tradition, immer neu das Evangelium in die eigene Zeit hinein zu übersetzen. Armut, Schwesterlichkeit, Freundschaft mit Gott und den Menschen waren Richtlinien, die sie ihren Schwestern und Brüdern vorlebte und mit auf den Weg gab.

Kirche wird in Zukunft immer weniger Kirche der Massen, Volkskirche sein. Sie wird aus kleinen Gruppen bestehen, in denen Menschen Leben mit Gott einüben, weitersagen, weiterschenken. Wenn Kirche sich im Erscheinungsbild nicht mehr unterscheidet von gesellschaftlichen Strukturen, wenn Statussymbole, Reichtum und Herrschaftsstrukturen das Anliegen Jesu verdunkeln, muß Gott Menschen erwecken, die durch Einfachheit und Anspruchslosigkeit ihres Lebens, durch Verzicht auf innerweltliches Haben-Wollen das Wesen der Kirche, der Botschaft Jesu sichtbar machen. Teresas kleine Klöster waren und sind heute noch ein Versuch in diese Richtung.

Aktive Präsenz der kontemplativen Orden

„Seit dem Konzil" stellte Friedrich Wulf SJ fest, „erleben wir eine zunehmende Verlebendigung der kontemplativen Orden. Man ist auf der Suche nach neuen Formen der aktiven Präsenz in der Kirche, der Präsenz unter den Christen und unter den Menschen, die noch ein Gespür haben für das, was die sichtbare und machbare Welt übersteigt. Aktive Präsenz, das heißt, daß man selbst etwas beitragen muß, um gegenwärtig zu sein im doppelten Sinn: daß die Menschen den Kontemplativen gegenwärtig sind, ihnen vor Augen stehen, und die Kontemplativen den Menschen. Dazu genügt nicht, daß man hinter Klostermauern betet. Das verlangt mehr. Zu dieser aktiven Präsenz kommt den Kontemplativen eine zweifache theologische Entwicklung in der Kirche, die sich in unserer Zeit abzeichnet, entgegen: ein stärkeres Bewußtsein der Orden, Kirche zu sein, sowie die immer tiefere Erkenntnis der Unabtrennbarkeit von Kontemplation und Aktion, von Mystik und Sendung, von Hinhören auf Gottes Wort und Weitersagen der Botschaft. Theologische Einsichten haben aber stets auch auf irgendeine Weise soziologische Wandlungen zur Folge."[246]
Daß die Menschen den Kontemplativen gegenwärtig sind, gehörte immer schon zum Konzept des betenden Dienstes vor Gott. Selbst wenn die kontemplativen Orden ihren Raum der

140

Intimität mit Gott und des Für-sich-Seins stark betonten, war in der Ost- und Westkirche der Gedanke des erbarmenden Mitleidens für die Menschen in der Welt nicht unbekannt. Sicher haben manche Formen der Lebensweise – zu starke Abschirmung, mangelnde Kommunikation, fehlendes Wissen über psychologische und anthropologische Gesetze – Menschen auch in Isolierung oder Verkümmerung geführt. Diesem Defizit, das in allen organisierten Gruppen auftreten kann, suchte das 2. Vatikanische Konzil zu begegnen mit seinen neuen Erkenntnissen über die Situation des Menschen in der Gesellschaft, über die Stellung der Ortskirchen und die Teilnahme auch der streng kontemplativen Klöster an den Nöten und Aufgaben dieser Ortskirchen.

Edith Stein schrieb 1934 aus dem Kölner Karmel an eine Freundin: „Ich würde mich so sehr freuen, wenn Sie einmal kommen könnten. Einmal, weil ich gern etwas mehr von Ihren Sorgen wüßte, als sich schreiben läßt. Sie haben ja nicht aufgehört, mea res (meine Sache) zu sein. Und je konkreter das Bild ist, desto mehr treibt es uns an, unsern Schwestern draußen mit unserem Gebet zu Hilfe zu kommen. Ich denke auch, es würde Ihnen gut tun, ein bißchen bei uns zu sein. Wir haben zwar nichts Großartiges zu bieten – gar keine schöne Liturgie oder dergleichen ... Nur unsere fröhliche Armut und unsern Frieden. Es ist uns doch soviel leichter gemacht, dies zu bewahren, als denen, die täglich in den Kampf gestellt sind. Und darum bin ich immer froh, wenn sich jemand etwas zur Stärkung im Kampf holen kann.“[247]

Diese Worte, die Edith Stein vor über 50 Jahren schrieb, sind auch heute noch für den Karmel aktuell. Die Liturgie ist seit der Erneuerung des 2. Vatikanischen Konzils im Karmel lebendiger und anziehender geworden. Für den heutigen Menschen, der aus einer praktisch atheistisch und nachchristlich geprägten Umwelt kommt, heißt dies, daß nicht nur die Kontemplativen die Menschen in ihrem Bewußtsein haben müssen, sondern daß auch die Menschen die kontemplativen

Männer und Frauen konkret vor Augen sehen sollten. Kontemplative Klöster können Zellen der Einübung sein für christliches, menschliches Leben. Glaube entzündet sich am Glauben. Im Grunde ist dies der Anfang allen Ordenslebens: in Gemeinschaft miteinander, um Jesus geschart, den Menschen Gottes frohe Botschaft künden.

Es „ist zu verstehen", heißt es bei Wulf, „daß die römischen Leitlinien für die Zusammenarbeit von Orden und Ortskirchen (1978) auch den streng kontemplativen Orden nahelegen, ja sie geradezu auffordern, den heutigen Menschen Hilfen zu Gebet und Meditation, zu einer Vertiefung des Glaubens und zu einem geistlichen Leben anzubieten. Im Grunde ist das nicht neu. Die großen Kontemplativen der Geschichte der Kirche haben das schon immer getan, auch die Frauen wie Caterina von Siena und Teresa von Avila, die beiden Kirchenlehrerinnen, aber auch Therese von Lisieux mit ihren Briefen an ihren Missionar, ja noch mehr mit ihrem ‚kleinen Weg'. Neu ist nur die Tatsache, daß vielleicht mehr Kontemplative als früher, vor allem Frauen, zu einem geistlichen Dienst befähigt sind. Ob allerdings die kontemplativen Klöster unserer Zeit einen Einfluß auf das spirituelle Leben der Kirche ausüben, wie es im Mittelalter, bis zum Beginn der Neuzeit, etwa die Kartäuser getan haben, oder im Siglo de oro Spaniens die Klöster der teresianischen Reform, wird kaum einer zu behaupten wagen. Daran sollten sich die Kontemplativen heutzutage erinnern, wenn sie eine Verlebendigung ihres Wirkens in Kirche und Gesellschaft unserer Zeit anstreben."[248]

In einer nachchristlichen Welt

In einer nachchristlichen Gesellschaft als kontemplative Frau für Christus Zeugnis abzulegen ist nicht möglich, ohne sich von den Nöten der Zeit betreffen zu lassen. So entstanden seit 1964 in der Nähe ehemaliger nationalsozialistischer Konzentrationslager oder Hinrichtungsorte (Dachau, Berlin-Plötzensee, Auschwitz) Karmelitinnenklöster als Stätten der Begegnung und Versöhnung oder inmitten einer Universitätsstadt ein Karmel zum Gedächtnis der von den Nationalsozialisten ermordeten Philosophin Edith Stein (Tübingen).

Als Wissenschaftlerin und Philosophin hat Edith Stein beispielhaft vorgelebt, und dies nicht erst in ihren neun letzten Lebensjahren im Karmel, daß Wissenschaft immer etwas mit dem konkreten Leben zu tun hat. Wenn es um die Not des Nächsten, um die Erlösung der Welt geht, reicht wissenschaftliche Präzision allein nicht aus, ja sie kann in einseitiger Anwendung zur Zerstörung des Menschen beitragen. Theologie darf nicht nur Wissenschaft neben anderen Wissenschaften sein, bei aller Legitimität der wissenschaftlichen Methode. Sie darf nicht, wie Robert Spaemann sagt, zu einer „rationellen Veranstaltung" werden, zu einer „Veranstaltung zum Zwecke der Ausschaltung von Erfahrung".[249] Theologie, will sie wirklich theo-logein, von Gott sprechen, muß auch Erfahrung von diesem Gott vermitteln. Man kann nicht ungestraft vom Gott Abrahams, Isaaks und Jakobs wie über eine Sache reden. In dieser Zerreißprobe stehen heute viele Studierende und Professoren. Wissen vermitteln über das Christentum darf nicht unabhängig sein von der Einübung in den realen Glaubensvollzug.

Es ist sicher im Geiste Teresas von Avila, wenn Therese von Lisieux, Zeitgenossin Nietzsches, die Zerstörung des Gottesbildes leidend erfuhr, die Nacht des Nichts, eine Vorstellung, die dem Menschen des 16. Jahrhunderts noch fremd war. Therese von Lisieux ist in ihrer Erfahrung der Gottesfinsternis ein moderner Mensch. Was sie im ausgehenden 19. Jahrhundert als radikale Versuchung erlebte, ist heute fast zur Selbstverständlichkeit geworden: Der Mensch, auch der religiöse, richtet sich ganz gut ohne Gott ein und ist erstaunt, wenn die Auswirkungen dieser Verdrängung als Kollektivwahnvorstellungen und grausame Massenvernichtungen unsere Staaten erschüttern. Die Totalvernichtung, die durch die technischen Möglichkeiten heute alles Leben bedroht, „ist in unserm Innern verwurzelt, hat dort ihre Entsprechung".[250]

Perspektiven der Zukunft

Die Zukunft der Kirche wird sicher weitgehend davon abhängen, inwieweit in kleinen, überschaubaren Gruppen Einübung in Glaubenserfahrung gelebt wird, um Kirche und Menschheit auf einen Weg zu bringen, auf dem Integration von Wissen und Erfahrung möglich wird. „Ich kann die Erfahrung der Freundschaft nicht machen, indem ich den Freund Kontrollen und Tests unterwerfe", schreibt Robert Spaemann. Häufig wird „diejenige Erfahrung eliminiert, die in der Geschichte der Religion als der eigentlich realste Kontakt mit der Wirklichkeit verstanden wurde, die sog. mystische Erfahrung. Der Mystiker hatte immer das Bewußtsein, einen Kontakt mit der Realität zu besitzen, der nicht mehr vermittelt ist durch unsere subjektiven kategorialen Mechanismen, sondern der unmittelbar und deshalb auch sprachlich nicht mehr artikulierbar ist. Unter dem Aspekt der Wissenschaft ist solche Erfahrung etwas rein Subjektives."[251]

Für kontemplative Klöster ist Einübung in Glaubenserfahrung, sich dem lebendigen Gott Aussetzen, das Realste, was es für Frauen und Männer in dieser Lebensweise gibt. Diese Realität darf nicht im Gegensatz stehen zur wissenschaftlichen Reflexion. Reflexion ohne Erfahrung führt zur Zerstörung, Erfahrung ohne Reflexion bleibt ohne Verantwortung. Kardinal Höffner sagte als Soziologe und Theologe: „Der Zelle kommt eine doppelte Bedeutung zu. Sie schließt Gleichgesinnte zu einer Gemeinschaft zusammen und gibt dem einzelnen einen festen Halt. Das Leitbild der Zelle ist nicht die Arche. Wer sich in die mit Harz verpichte und zugeschlossene Arche einschließt, überläßt die Welt ihrem Schicksal, nach dem Motto: ‚Wenn nur ich gerettet werde'.

144

Das Zeichen der missionarischen Zelle ist der Sauerteig. Christus hat nach diesem Gesetz des Sauerteigs gehandelt."[252]

Die in der Anonymität und Antlitzlosigkeit der Städte isolierten Menschen entfremden sich immer mehr der Kirche und suchen oft Geborgenheit und Selbstand in Meditationsangeboten aus dem Fernen Osten. Dort wird ihnen eine leibliche und geistige Zucht angeboten, und sie fühlen sich von Lehrmeistern verstanden, die auf ihre Bedürfnisse nach Schweigen und Angenommensein Rücksicht nehmen. Hier hätte sicher der Karmel mit seiner Tradition des schweigenden Betens eine Aufgabe für den heutigen Menschen. Trotz des neuplatonischen Sprachspiels, das Teresa als Kind ihrer Zeit gebrauchte, hatte sie ein tiefes Verständnis für die leibliche Verfaßtheit des Menschen, für die Erfahrung, daß Gott nicht nur in Gedanken und Systemen wirkt, sondern die Gefühle, die Leibhaftigkeit des Menschen ernst nimmt. Ähnlich wie in Asien oder in der heutigen Meditationsbewegung (P. Hugo Enomiya-Lassalle SJ, Graf Dürckheim, Klemens Tilmann u.a.) ist seit 400 Jahren im Karmel der Bodensitz die Form, in der sich die Karmelitinnen in ihren Meditationsstunden Gott gegenüber öffnen. „Der Leib" sagt Hans Waldenfels, „grenzt ab, er grenzt aber auch an. Der Leib trennt und verbindet zugleich. Es gehört zu den aus Asien uns neu zuwachsenden Erkenntnissen, daß wir den Leib als Ort der Ichfindung nicht sosehr in der Unterscheidung vom Nicht-Ich als in der Selbstentäußerung an das Nicht-Ich verwirklichen. Insofern als der Leib nicht − platonisch/nachplatonisch − als Barriere und Gefängnis gesehen wird, sondern als Mikrokosmos Symbol des Makrokosmos ist, das sich als solches für das Ganze öffnet, und insofern als der Mensch nicht nur den Leib hat, sondern Leib ist, ist dieser nicht zu überwinden, sondern als Ort der Vermittlung und Eröffnung des Unumgrenzten, damit des Weges zu Gott, anzuerkennen."[253]

Bedeutsam für die christliche Meditation ist, daß bei Tere-

sa und ihrem Mitarbeiter Johannes vom Kreuz bei allem Zer-
brechen der Bilder und Worte im schweigenden Beten „das
Eingeprägtsein des zerschlagenen Antlitzes Jesu in der Seele"
nicht verlorengeht.[254] Dieses zerschlagene Antlitz wird in
der Schau Teresas zum verherrlichten Antlitz des auferstandenen Christus. Dieser Wirklichkeit öffnet sich der ganze
Mensch in Vertrauen, Liebe, in schweigender Hoffnung.
Dieses Beten nennt Edith Stein das Tiefste, was sie im Karmel gefunden hat, und es ist genau die Nahrung, deren der
heutige, verunsicherte und von vielen Zwängen bedrückte
Mensch bedarf.

Epilog
Leben im Karmel heute

Niemand wird erkannt, außer durch Freundschaft.

Aurelius Augustinus

Leben ist verwurzelt in der Vergangenheit, in dem, was an dere gebracht, uns weitergegeben haben. Damit Leben im Jetzt, im Heute gelingt, muß es weiterwachsen, sich ausstrecken auf Zukunft hin. In diesem Prozeß des Verwurzeltseins und Neuwerdens steht die Gründung des Edith-Stein-Karmels in Tübingen 1978. Das Erbe und die Spiritualität des Karmels haben seither ein aufmerksames Echo im Bistum Rottenburg-Stuttgart gefunden.

Veranstaltungen zum 400. Todestag von Teresa von Avila (1982), zum gleichen Gedenktag von Johannes vom Kreuz (1991) und zur Seligsprechung Edith Steins (1987) fanden viel Interesse.

Unsere heutige Situation gleicht in vielem der geistigen Umbruchsituation des 16. Jahrhunderts. Eine nur rationale Theologie, ein nur zweckorientiertes Leben führen sich selbst ad absurdum. Ein Unbehagen macht sich bemerkbar. Die Menschen fragen nach Tieferem, nach einem Leben, das unsere Leistungsgesellschaft hinterfragt. Der Mensch will nicht nur ein Rad im Betrieb der rationalen Kultur sein, er selbst will gefragt werden, will ganzheitlich leben in allen seinen Bezügen, er will als Mensch gewertet werden.

Vielleicht haben in dieser Infragestellung der heutigen Zivilisation die kontemplativen Orden eine weiterführende Antwort zu geben. Daß der Edith-Stein-Karmel in Tübingen gegründet wurde, ist sicher nicht Zufall. Hier, wo wissenschaftliche Theologie auf hohem Niveau betrieben wird, wo

Studenten eine Fülle von Wissen vermittelt bekommen, sollte eine Stätte entstehen, die durch Stille und Gebet einen Schwerpunkt setzt, die dem Suchenden zu einem existentiellen Leben mit Gott helfen kann.

Unser Leben im Karmel läßt dem Gespräch mit Gott und dem schwesterlichen Miteinander viel Raum; es soll ein Zeichen sein, daß angesichts der Überbewertung des rationalen Denkens in unserer Zeit Anbetung, Lobpreis und stilles Verweilen vor Gott notwendig sind.

Edith Stein (Sr. Teresia Benedicta vom Kreuz) hat in ihrer Suche nach Wahrheit in der Philosophie, im Sich-Hinwenden zu Christus in ihrer Konversion und mit ihrem Leben im Karmel bis zum Tod in Auschwitz gezeigt, daß das In- und Mit-Christus-Sein aller Suche nach Sinn und Wahrheit in dieser Welt Antwort gibt. So ist Edith Steins Lebensweg vielen Menschen Hilfe und Orientierung für ihr eigenes Leben geworden. Wir sehen deshalb eine Aufgabe darin, Edith Steins Vermächtnis weiterzutragen.

In Schriften und im Gespräch versuchen wir, etwas vom Reichtum karmelitischer Spiritualität zu vermitteln und Hilfen für Gebet und Meditation zu geben. Von vielen Seiten dürfen wir Zustimmung erfahren — so auch von evangelischen Christinnen und Christen.

Wir freuen uns, daß unsere Kapelle vielen Menschen ein Ort der Besinnung ist und daß sie gerne zum Gebet und zur Eucharistiefeier kommen.

Seit dem 2. Vatikanischen Konzil wird die Ortskirche neu gewertet. Kirche als Geheimnis des Leibes Christi wird lebendig in den verschiedenen Teilkirchen. Daß Ordensleute nicht Randsiedler sind, sondern mitten hinein in das Leben der Ortskirche gehören, daß sie selbst Kirche sind, zeigt der Wortlaut des Dokuments der Kongregation für die Ordensleute und Säkularinstitute und der Kongregation für die Bischöfe in den „Grundsätzen und Richtlinien zwischen Bischöfen und Ordensleuten in der Kirche" (Mutuae relationes). Im

Abschnitt 25 werden die kontemplativen Gemeinschaften angesprochen:

„Getreu ihrer besonderen Berufung sollen die Ordensgemeinschaften, besonders die beschaulichen, ihrerseits den Menschen von heute geeignete Hilfen zum Gebet und zum geistlichen Leben anbieten, so daß sie auf die heute stärker empfundene dringende Notwendigkeit der Meditation und eines vertieften Glaubenslebens eingehen können. Sie sollen auch die Teilnahme an ihrer eigenen Liturgie leichter möglich machen, ohne die bestehenden Regelungen und die sinnvollen Erfordernisse der Klausur zu übersehen."[255]

Diese Anregungen des römischen Dekrets suchen wir Schwestern im Edith-Stein-Karmel zu verwirklichen. Unser Alltag ist einfach und nüchtern, getragen von der Spannung des Alleinseins mit Gott und dem schwesterlichen Miteinander.

Unseren Tag beginnen wir um 6 Uhr mit den Laudes und der Terz; von Dienstag bis Freitag schließt sich daran die Konventmesse. Diese dürfen wir immer in Gemeinschaft mit mehreren Gläubigen feiern und im gemeinsamen Vollzug Volk Gottes erleben. Nach dem Frühstück haben wir eine Stunde Meditation. Anschließend ist bis 11.45 Uhr Arbeitszeit, danach beten wir Sext und Non; auch dazu kommen ab und zu Mitbetende von außen. Das Mittagessen wird jeden Tag von einer anderen Schwester bereitet, so daß wir reihum die Küche zu versorgen haben. Den Rhythmus für die Hausarbeiten haben wir so eingeteilt, daß jeweils vierzehntägig Wechsel ist (z. B. Wäsche, Spülen, Refektorium, Kehren, Putzen etc.). Nachdem alles in Küche und Refektorium versorgt ist, können sich die Schwestern etwas zurückziehen. Ab 14 Uhr ist geistliche Lesung. Von 14.45 bis 16.30 Uhr nimmt jede Schwester wieder die Tätigkeit auf, mit der sie zum Unterhalt des Hauses beiträgt. Der größte Teil wird durch Besuch von Gästen, Verlagsarbeit sowie durch den Versand der Zeitschrift „Christliche Innerlichkeit" bestritten.

Um 16.30 Uhr haben wir die zweite Meditationsstunde. Die Vesper, an der sehr oft Mitbetende teilnehmen, ist um 17.30 Uhr. Das Abendessen wird — wie das Frühstück — von der Schwester vorbereitet, die für das Refektorium zu sorgen hat. Unsere Mahlzeiten nehmen wir meist schweigend ein. Nach dem Abendessen finden wir uns zur Rekreation (Gespräch) zusammen, wobei jede Schwester eine Handarbeit verrichtet. Um 20.15 Uhr ist Komplet, und um 21 Uhr beginnt die Lesehore. Sehr viele unserer Hausgäste beten das gesamte Offizium mit uns. Schwerpunkte unseres Lebens sind die Feier der Eucharistie, die beiden Stunden Meditation und das Chorgebet sowie das wöchentliche Schriftgespräch.

Auf die Frage, warum junge Menschen auch heute in den Karmel eintreten, könnte man antworten: „Dahinter steckt die Sehnsucht, Gott im eigenen Leben mehr Raum zu geben, eine Ahnung davon, daß es Gott wert ist, daß man sein ganzes Leben auf ihn einstellt. Es ist Antwort auf einen Ruf, auf ein Angebot, das man als Chance zu einem erfüllten Leben erfährt. Es ist freie Entscheidung des Menschen und doch ein Gezogen-Werden, ein ‚Muß‘, ähnlich dem ‚Muß‘, das von Jesus an manchen Stellen des Evangeliums überliefert wird. Es ist ein Fasziniertsein von Jesus und der Wunsch, mit anderen, die eine ähnliche Erfahrung gemacht haben, diesem Jesus zu folgen und sich von ihm senden zu lassen. So entsteht immer neu Jüngergemeinde."[256]

Aus Briefen Teresas

Teresas Eigenart besteht darin, daß man ihre Schriften nicht liest, sondern ihnen zuhört. Sie spricht eher, als daß sie schreibt. Sie hat wohl von der Feder raschen und sicheren Gebrauch gemacht. Aber für sie war die Feder ein Mikrophon und das Papier ein Tonband.

SIC (Servitium Informativum Carmelitanum)

In den folgenden Auszügen aus Briefen Teresas zeigt sich uns ein kleines Spektrum ihrer Lebendigkeit im brieflichen Austausch, ihres Kontaktes mit Freundinnen und Freunden, mit denen sie ständig in Verbindung stand. „Heute habe ich acht Briefe geschrieben", seufzt Teresa einmal, daneben schrieb sie ihre großen geistlichen Werke in klassischer Sprache, verhandelte mit Kaufleuten und Leuten vom Baufach, mit Adeligen und Bürgerinnen, um ihre Klöster zu errichten. Nicht zu vergessen ist der viele Ärger, den sie aufgrund von Verleumdungen, die entweder gegen sie selbst oder gegen ihre Mitarbeiterinnen und Mitarbeiter gerichtet waren, ertragen mußte. Obwohl Teresa sich immer nach Ruhe sehnte, kämpfte sie wie eine Löwin, um andere und ihr Werk zu retten.

Unsere nüchterne, technisierte Welt wendet sich hin zu Frauen und Männern, die wie Teresa in dieser Welt fest verwurzelt waren, um die Botschaft Jesu, seine Menschlichkeit und Güte den Fragenden und Suchenden neu aufzuschließen. Während wir immer noch falsche Modelle von Heiligkeit in uns tragen: Weltabgewandtheit, Buße, Sühneleiden, zeigen uns die wirklich heiligmäßigen Menschen wie Teresa, daß das Evangelium uns Weltzugewandtheit lehrt, Weite des Herzens und eine geschwisterliche Liebe, die nicht so sehr das eigene Leiden, wohl aber das der anderen ernst nimmt.

Trotz aller Schwierigkeiten, mit denen Teresa sich bei ihren Plänen in der Kirche konfrontiert sah, hatte sie Freude an der Kirche, sah sie diese als Sakrament des Heils. Teresa strahlte auf die Menschen, die ihr begegneten, Freude aus, sie machte das Evangelium liebenswert und trug zur geistlichen Reform der Kirche ihrer Zeit bei. Mit ihren Freunden suchte sie die Zeichen der Zeit zu erkennen, ließ sich nicht niederdrücken, sondern ermunterte die andern zur Freude. Diese Freude sowie die realistische Einschätzung der Welt und ihrer selbst spricht aus allen ihren Briefen.

Obwohl Teresa in einer Notlage einmal ausrief, wie wenig Freunde der Mensch doch hat, hatte sie zahlreiche treue Freundinnen und Freunde. Die Briefe zeigen, daß Teresa mit den unterschiedlichsten Menschen auf eine tiefe und existentielle Weise verbunden war. Echte Freundschaft kann auf Dauer nur bestehen, wenn Freunde an einer Wirklichkeit teilhaben, die sie übersteigt. Diese Wirklichkeit war für Teresa Gott und seine unendliche Liebe zu uns. Ihre tiefe Verbundenheit mit Johannes vom Kreuz schloß ihre Freundschaft und Zuneigung zu Jerónimo Gracián nicht aus, sondern ein. Domingo Báñez, García de Toledo, Pedro de Alcántara waren ihr ebenso verbunden wie Luisa de la Cerda, María de San José oder Ana de Jesús. Die Freundschaft mit vielen entfaltete in Teresa das Mitfühlen mit anderen, ihre Milde des Urteils und förderte ihre große Menschenkenntnis.

Teresas Fähigkeit, Gott zu erfahren und von diesen Erfahrungen zu sprechen, hat über die Grenzen der Kirche hinaus Wirkung gezeigt. Der jüdische Philosoph Henri Bergson, der Konfuzianer Wu, der anglikanische Primas Ramsey, Patriarch Athenagoras, der Prior der evangelischen Brüdergemeinde Roger Schutz berufen sich ebenso auf sie wie die Philosophin Edith Stein oder die Ostasien-Kenner Heinrich Dumoulin, Hans Waldenfels sowie die Leiter von Meditationszentren: J. A. Cuttat, Jules Monchanin, Henri le Saux, Bede Griffiths, Hugo Enomiya-Lassalle, Raimondo Pannikar und viele andere. Über den Weg der Mystik gehen Brücken zu den Schwesterkirchen Europas und zu den Religionen Ostasiens.

Der Versuch, der in diesem Buch unternommen wurde, fast alle Zitate Teresas aus dem Spanischen zu übersetzen, sollte dazu beitragen, das gesprochene Wort Teresas besser zu vernehmen. Es ist wirklich so, daß man ihre Worte *hören* muß, denn wenn sie schreibt, spricht sie. Die niedergeschriebenen Worte sind nur das Ergebnis ihres unaufhörlichen Gesprächs mit Gott und den Menschen. Teresa hat nicht in der Absicht geschrieben, jemandem eine *Sache* zu erklären. Vielmehr hat sie, während sie schreibt, den Adressaten − sei es Gott oder Mensch − unmittelbar vor sich. Sie spricht ihn an, sie scherzt mit ihm, sie klagt ihm ihr Leid, sie erklärt ihm ihre Freuden. Ihre Stimme klingt nach vierhundert Jahren so lebendig, als wären die Worte heute gesprochen.

Avila, 23. Dezember 1561.
An ihren Bruder Lorenzo de Cepeda:
Wie ich Ihnen schon ausführlich geschrieben habe − ich kann diese Sache nämlich aus vielen Gründen nicht fallenlassen, da sie auf göttlicher Eingebung beruht, die man in einem Brief nicht mitteilen kann −, sagen mir heilige und gelehrte Männer, ich dürfe auf keinen Fall feige werden, sondern müsse mich ganz für dieses Werk einsetzen − es handelt sich nämlich um die Gründung eines Klosters ...
Gebe Gott, daß Sie in seinem Dienst immer mehr voranschreiten. Da Gott im Belohnen keine Grenze kennt, darf man nicht stillestehn, sondern muß sich anstrengen, etwas für ihn zu tun. Voll Eifer sollte man täglich ein bißchen weiter-

kommen. Tatsächlich liegen wir immer im Krieg mit uns und dürfen nicht nachlassen, bis wir den Sieg errungen haben ...

Ich bin die Schlimmste von allen Geschwistern, und so, wie ich bin, würden Sie mich gar nicht als Ihre Schwester erkennen. Ich weiß nicht, wie man mich so lieben kann. Dies sage ich in aller Wahrheit ...

Für das Bild, das mir mein Bruder geschickt hat, küsse ich ihm vielmals die Hand. Wäre noch die Zeit, in der ich Goldschmuck trug, so würde ich es gerne behalten, denn es ist überaus schön.

(Carta 2,3.8.15; Brief Nr. 2, I S. 21.23.25f)

Avila, Anfang Juni 1562. An García de Toledo:

Aus dem hier Geschriebenen werden Sie sehen, wie gut es ist, ... sich dem ganz hinzugeben, der sich ohne Maß uns schenkt.

(3,4; Nr. 4, I S. 30)

Toledo, 27. Mai 1568. An Luisa de la Cerda:

Ich möchte gar nicht mit Schreiben aufhören. Ich weiß nicht, wie ich es ertragen kann, so fern von der zu sein, die ich so liebe und verehre.

(8,29; Nr. 8, I S. 42)

Valladolid, Ende September 1568. An Francisco de Salcedo:

Gott sei Dank kann ich nach sieben oder acht Briefen, die ich aus geschäftlichen Gründen nicht länger aufschieben konnte, jetzt ein wenig ausruhen, indem ich Ihnen diese Zeilen schreibe. Sie sollen wissen, daß die Ihrigen mir großen Trost bereitet haben ... Ab und zu brauche ich diesen Trost, zwar nur unter der Bedingung, daß Sie nicht immer von Ihrem Alter reden. Denn dies verursacht mir wahrlich Kopfzerbrechen — als ob das Leben junger Leute gesichert wäre! Möge Gott Sie mir erhalten, bis ich sterbe. Nachher will ich dafür sorgen, daß der Herr Sie rasch zu sich nimmt, damit ich dort nicht ohne Sie bin.

(13,1; Nr. 12, I S. 46f)

Valladolid, 13. Dezember 1568. An Luisa de la Cerda:

Ich fühle mich sehr elend. Bei Ihnen und in Ihrer Gegend geht es mir gesundheitlich besser, obwohl die Leute hier gottlob nicht unfreundlich zu mir sind. Da aber meine Liebe bei Ihnen ist, wollte ich auch, mein Körper wäre dort.

(16,1; Nr. 14, I S. 52)

Toledo, Ende März 1569. An María de Mendoza:

Hätten Sie doch über Ihr Inneres eine solche Herrschaft wie über Ihr Äußeres − wie wenig würden Sie das achten, was man hier Leiden nennt. Ich fürchte nur, die Trübsale könnten Ihrer Gesundheit schaden. Ich bitte Sie ..., lassen Sie mir ausführlich über das Erlittene schreiben, denn ich bin in großer Sorge um Sie. Boten gibt es in dieser Gegend genug.

(20,3; Nr. 17, I S. 59)

Toledo, 19. Oktober 1569.
An ihre Schwester Juana de Ahumada:

Ich will Ihnen jetzt nicht länger schreiben, denn ich habe heute schon so viel geschrieben, und es ist spät. Ich bin sehr glücklich, wenn ich daran denke, welche Freude Sie haben werden. Möge der Herr uns die Freude schenken, die ewig währt, denn alle Freuden dieses Lebens sind unsicher. Es geht mir gut, und ich beeile mich sehr mit dem Kauf des Hauses. Die Verhandlungen sind günstig.

(23,4.5; Nr. 19, I S. 64)

Toledo, 17. Januar 1570. An Lorenzo de Cepeda:

In meiner Gegenwart wurde die Steuerabrechnung gemacht. Hier schicke ich Ihnen die Aufstellung. Es war für mich

nicht einfach, diese geschäftlichen Angelegenheiten zu verstehen. Seit ich mich mit diesen Gottes- und Ordenshäusern befasse, bin ich eine richtige Feilscherin und Händlerin geworden ... Da ich in so viele Gegenden komme und so viele Menschen mich sprechen, kann ich oft nichts anderes sagen, als daß wir Menschen schlimmer sind als die Tiere, weil wir die große Würde unserer Seele nicht erkennen.
(24,7.20; Nr. 21, I S. 69.72f)

Salamanca, 29. März 1571. An Diego Ortiz:
Es wäre keine Zeitverschwendung, wenn Sie mir öfters schreiben würden. Vielmehr könnte es uns gegenseitig Mut machen im Dienst für unseren Herrn.
(29,1; Nr. 27, I S. 83)

Avila, Mitte Juni 1571. An María de Mendoza:
Wenn Sie den Pater Provinzial der Dominikaner sehen, zanken Sie ihn aus, weil er mich in Salamanca nicht besucht hat, obwohl er lange genug dort war. Wirklich, ich liebe ihn nicht besonders.
(31,11; Nr. 32, I S. 92)

Avila, 7. November 1571. An Luisa de la Cerda:
Ich habe einmal in einem Buch gelesen, der Lohn für unsere Trübsale sei die Liebe Gottes. Wer sollte einen so kostbaren Preis nicht lieben? Tun Sie es doch, ich bitte Sie, da alles so rasch vorübergeht. Lassen Sie alle Dinge los, die keinen Bestand haben ... Ich habe es Ihnen schon gesagt, daß ich etwas Trost brauche. Wenn man die Ruhe unserer Klöster erfahren hat und sich jetzt in diesem Lärm befindet (ihr dreijähriges Priorat im Kloster der Menschwerdung), weiß man nicht, wie man noch existieren kann.
(34,2.4; Nr. 33, I S. 93f.)

Avila, 5. Februar 1572. An Juana de Ahumada:

Ich habe keine Zeit, viel zu schreiben. Denken Sie daran, daß jene, die gerettet werden wollen, auf irgendeine Weise Leiden ertragen müssen. Gott läßt uns nicht die Wahl. Und da Sie sehr schwach sind, schickt er Ihnen vielleicht nur die unbedeutendsten. Ich weiß besser um Ihre Leiden, als Sie es mir sagen oder in einem Brief schreiben können ... Lassen Sie die Truthennen kommen, da Sie so viele haben.

(36,1.3; Nr. 38, I S 108)

Avila, 7. März 1572. An María de Mendoza:

Ich tue nichts als für mich sorgen. In den letzten drei Wochen hatte ich außer dem viertägigen Fieber Seitenstechen und Halsentzündung. Eines dieser Übel würde genügen, mich zu töten, wenn es Gottes Wille wäre. Aber ich glaube nicht, daß er mir dieses Geschenk schon machen will. Nach drei Aderlässen geht es mir jetzt besser. Das viertägige Fieber hat mich verlassen; da ich aber immer noch etwas Fieber habe, nehme ich morgen ein Abführmittel. Ich ärgere mich darüber, so elend zu sein. Außer zur Messe kann ich aus meinem Winkel nicht heraus. Dazu leide ich schon seit eineinhalb Monaten an Zahnschmerzen. Diese Krankheiten zähle ich Ihnen nur deswegen auf, damit Sie mich entschuldigen, weil ich Ihnen nicht geschrieben habe ... Gott gibt mir wenig Gesundheit – und wenn ich trotzdem alles machen kann, muß ich manchmal lachen. Er läßt mich ohne Beichtvater und so allein, daß ich niemand habe, mit dem ich zu meiner Erleichterung sprechen könnte. Alles muß ich selbst reiflich überlegen.

(37,3.4; Nr. 36, I S. 101)

Avila, 27. September 1572. An Juana de Ahumada:

Ich bin ärgerlich über das Fasten der Priorin. Sagen Sie ihr nur, ich werde ihr deswegen nicht mehr schreiben, noch

mich um sie kümmern. Gott befreie mich von solchen, die lieber ihren Willen tun als gehorchen!
(41,5; Nr. 41, I S. 111)

Avila, Ende Dezember 1572. An Mariana Xuárez de Lara:
Bei allen Dingen ist es gut, den Anfang wohl zu bedenken, damit auch das Ende gut sei.
(42,2; Nr. 71, I S. 172)

Salamanca, Anfang Januar 1574. An Domingo Báñez:
Viel erträgt die Liebe zu Gott. Geschähe etwas ohne sie, so wäre es nichts.
(55,11; Nr. 52, I S. 132)

Alba de Tormes, Mitte Januar 1574.
An Ana de la Encarnación, Priorin in Salamanca:
Ich glaube, hier habe ich weniger Störungen. Ich habe eine Einsiedelei, von der ich den Fluß sehen kann. Ebenso sehe ich ihn von dort, wo ich schlafe. Auch im Bett genieße ich diese Aussicht, was mir große Freude bereitet. Heute fühle ich mich besser als sonst ...

Diese Forelle hat mir heute die Herzogin geschickt. Ich fand sie so gut, daß ich den Boten bestellt habe, um sie meinem Vater, Magister Bartolomé de Medina, zu senden. Kommt sie zur Tischzeit an, dann lassen Sie die Forelle durch Miguel mit diesem Brief überbringen. Kommt sie später, dann unterlassen Sie es dennoch nicht, sie abzugeben, um zu sehen, ob er einige Zeilen schreiben möchte.
(56,1.3; Nr. 53, I S. 132f)

Alba de Tormes, Ende Januar 1574. An Alvaro de Mendoza, Bischof von Avila:
Da Sie so viele Heilige haben, erkennen Sie auch, wer es nicht ist: darum vergessen Sie mich. Trotzdem glaube ich,

Sie werden im Himmel einsehen, daß Sie mir Sünderin mehr verdanken als Ihren Heiligen.
(57,5; Nr. 54, I S. 135)

Salamanca, 28. Februar 1574. An Domingo Báñez:
Ich wundere mich nicht über das, was aus Liebe zu Gott geschieht, da Fray Domingo so viel vermag. Was nämlich ihm gut scheint, entzückt auch mich, und was er will, liebe auch ich. Ich weiß nicht, wohin diese Verzauberung noch führt ...

Gerne würde ich eines Tages mit Ihnen über Ihre Ängste sprechen, mit denen Sie nur Ihre Zeit verlieren. Sie sind nicht demütig genug, weil Sie mir nicht glauben. P. Melchior ist da ganz anders. Er sagt, das eine Mal, das er mit mir in Avila gesprochen, habe ihm sehr geholfen. Es vergehe keine Stunde, in der ich ihm nicht innerlich nahe sei. Welch einen Geist und welch eine Seele hat ihm Gott verliehen! Er hat mich sehr getröstet. Anscheinend habe ich Ihnen nur zu erzählen, wie sehr ich andere schätze.
(58,1.12; Nr. 56, I S. 140f.143)

Segovia, 14. Mai 1574. An María Bautista,
Priorin in Valladolid:
Ich bin fast wieder gesund. Wie ich unserem Vater (Domingo Báñez) schrieb, hat der Sirup meine quälende Melancholie hinweggenommen und, wie ich glaube, mich ganz vom Fieber befreit. Ich mußte ein wenig über seinen mit eigener Hand geschriebenen Brief lachen, da meine schlechte Laune schon verflogen war. Sagen Sie dies aber nicht P. Domingo; ich werde es ihm schon selbst recht scherzhaft schreiben. Vielleicht zeigt er Ihnen meinen Brief ...

Sagen Sie Doña María de Samaniego herzliche Grüße von mir; die Welt sei nun einmal so, daß man sich nur auf Gott verlassen könne ...

(Isabel) hat mir in dieser Krankheit das Leben gerettet. Ihr

heiteres Wesen erfreute mich und schenkte mir neue Kraft
zum Gebet.

(61,2.3.9.16; Nr. 55, I S. 137.139f)

Segovia, 30. Mai 1574. An Antonio Gaitán:

Gebe Gott, daß Sie – und ich – es verstehen, ihm ein wenig zu dienen für das, was wir ihm schuldig sind. Er möge
uns viele Leiden schicken, sei es auch nur durch Flöhe, Pol-
tergeister oder Landstraßen.

(63,2; Nr. 59, I S. 147)

Segovia, Mitte Juni 1574. An Teotonio de Braganza,
Erzbischof von Ebora:

Ich bin jetzt etwas gesünder als bisher. Wenn ich aber so kla-
gen könnte wie Sie, würden Sie Ihre Leiden für nichts achten. In den letzten zwei Monaten war ich sehr krank. Die
Schmerzen drangen auch nach innen, so daß ich mir wie ein
totes Ding vorkam. Innerlich geht es mir wieder gut, und äußerlich habe ich meine gewöhnlichen Leiden. Ihre Liebe
empfinde ich sehr wohltuend.

(65,3; Nr. 60, I S. 149)

Segovia, Mitte Juni 1574. An María Bautista:

Wie albern ist Ihre Anmaßung, die Sie wegen der Handarbeit
und des übrigen zeigen! So lange wir uns nicht sehen, wage
ich nicht, Ihnen meine Meinung über all dies zu sagen ...

Es ist wahr, daß es in diesem Leben keine Sicherheit gibt,
noch gut ist, sich sicher zu glauben. Wir sind vielmehr im
Kriegszustand und von Feinden umringt.

(66,4; Nr. 58, I S. 145)

Segovia, 3. Juli 1574. An Teotonio de Braganza:

Ich sage Ihnen in aller Wahrheit, wenn Sie noch einmal eine
solche Überschrift machen, werde ich Ihnen nicht antworten.

Ich weiß nicht, warum Sie mir solchen Ärger bereiten. Jedesmal reizt es mich aufs neue. Ich hatte es bisher leider noch nicht bemerkt. Sie können von Pater Rektor erfahren, wie man an mich schreibt, und sonst dürfen Sie nichts dazumachen. Diese Überschrift paßt nicht für unseren Orden.
(67,1; Nr. 61, I S. 151)

Segovia, 16. Juli 1574. An María Bautista:
Wirklich, ich war immer recht unvollkommen. Jetzt, glaube ich, habe ich ein noch größeres Recht (mich zu pflegen), weil ich alt und erschöpft bin. Sie würden sich wundern, wenn Sie mich sähen. Dieser Tage hatte ich eine Magenschwäche, so kamen die Nüsse zur rechten Zeit. Ich habe aber noch von denen, die Sie mir hierher geschickt haben. Sie sind sehr gut. Essen Sie doch die übrigen aus Liebe zu mir.
(68,4; Nr. 62, I S. 154)

Segovia, 11. September 1574. An María Bautista:
Das viertägige Fieber habe ich nicht mehr. Wenn der Herr will, daß ich etwas unternehme, gibt er mir gleich bessere Gesundheit.
(69,4; Nr. 64, I S. 158)

Avila, 31. Oktober 1574. An Catalina Hurtado:
Die Gnade des Heiligen Geistes sei mit Ihnen und erhalte Sie mir! Amen. Gott vergelte Ihnen die Sorge, mit der Sie mich beschenken. Die Butter war ausgezeichnet, wie alles, was Sie mir Gutes tun. Und so will ich sie auch annehmen, damit, wenn Sie wieder gute haben, Sie an mich denken. Denn ich kann sie gut gebrauchen. Ebenso ausgezeichnet waren die Quitten. Ich glaube, Sie haben nichts anderes vor, als mich zu beschenken.
(73,1-3; Nr. 25, I S. 80)

Avila, 3. Dezember 1574. An Domingo Báñez:

Mein Vater, ich glaube, meine Freuden sind nicht von dieser Welt. Denn was ich will, habe ich nicht, und was ich habe, will ich nicht. Mein Kreuz ist, daß ich nicht mehr wie früher Trost finde bei den Beichtvätern. Ich brauche mehr als einen Beichtvater: Denn was geringer ist als die Seele, stillt ihre Sehnsucht nicht.

(74,1; Nr. 68, I S. 166

Valladolid, 2. Januar 1575. An Teotonio de Braganza:

Ich wundere mich nicht über Ihre Fehler, da ich selbst genug habe, obwohl ich hier mehr Zeit zur Einsamkeit hatte als sonst. Dies war für mich ein großer Trost.

(76,16; Nr. 73, I S. 180)

Veas, 12. Mai 1575. An Inés de Jesús,
Priorin in Medina del Campo:

O meine Mutter, wie gern hätte ich Sie in diesen Tagen bei mir gehabt! Ich glaube, es waren − ohne zu übertreiben − die schönsten meines Lebens. Pater Magister Gracián war nämlich mehr als zwanzig Tage hier. Ich sage Ihnen, so viel ich auch mit ihm umging, ich konnte den Wert dieses Mannes nicht ergründen ... Auf ihn kann ich mich bei der Leitung unserer Klöster verlassen ... Er wartete auf Mariano − und wir freuten uns sehr, daß dieser sich verspätete.

(79,3.4; Nr. 75, I S. 183)

Sevilla, 19. Juni 1575. An Inés Nieto:

Möge Gott Sie voranschreiten lassen und vom Lärm des Hoflebens befreien. Obwohl den, der Gott wirklich liebt, nichts stört.

(82,4; Nr. 78, I S. 194)

Sevilla, 28 August 1575. An María Bautista:

Es ist seltsam, daß fast alle Briefe außer den Ihren mich ermüden — die von den Beichtvätern natürlich ausgenommen. Noch mehr ermüdet mich die Beantwortung, während mir bei Ihnen beides Freude macht ... Es ist lächerlich, daß Sie alles zu wissen glauben und noch behaupten, das sei Demut. Sie haben nur Ihr kleines Haus im Auge und nicht das Wohl der anderen ... Es ist gut, alles reiflich zu überlegen, aber nicht so viel Gewicht darauf zu legen ... Was mich hier freut und immer mehr Freude macht, ist, daß niemand mich mit dem Nimbus der Heiligkeit umgibt wie dort. So kann ich beten und wirken, ohne Angst haben zu müssen, daß dieses Luftschloß eines Tages über mir zusammenstürzt ...

Ein reiches und gutes Mädchen will bei uns eintreten. Wenn sie kommt, werden wir gleich ein Haus suchen.

(86,1.10.13.18.22; Nr. 82, I S. 202.204f)

Sevilla, 30. Dezember 1575. An María Bautista:

Wir haben keine Lust, Gedichte zu machen. Denken Sie doch daran, wie (ernst) die Lage ist! ... Wenn ich doch etwas für Gott tun könnte! Mein Leben ist wenig: ich möchte viele Leben haben!

(96,17; Nr. 91, I S. 228)

Sevilla, Ende Januar 1576. An Juan Bautista Rubeo (Rossi), Ordensgeneral:

Ich sagte Ihnen (schon), welcher Unterschied es ist, mit diesen Unbeschuhten Vätern — ich meine P. Magister Gracián und Mariano — selbst zu sprechen, oder das Gerede über sie zu hören ...

Wenn wir vor Gottes Antlitz stehen, werden Sie einsehen, was Sie Ihrer wahren Tochter Teresa de Jesús verdanken. Dies allein tröstet mich in diesen Prüfungen.

(98,3; Nr. 95, I S. 235.241)

Malagón, 15. Juni 1576. An Jerónimo Gracián,
später erster Provinzial der Unbeschuhten Karmeliten:

In manchen Stunden warte ich sehr auf Nachricht von Ihnen.
Da Sie das wissen, wäre es grausam von Ihnen, mich zu ver-
nachlässigen. Wenn Sie mir auch nicht lange schreiben können, so würde ich doch gerne wissen, wie es Ihnen gesundheitlich geht ... Gott erhalte Sie mir und schenke mir die Geduld, die ich brauche, so lange keinen Brief von Ihnen zu erhalten.

(104,4.12); Nr. 99, I S. 257.261)

Toledo, 11. Juli 1576. An María de San José,
Priorin in Sevilla:

An P. Antonio de Jesús und an P. Mariano viele Grüße. Ich
will mir jetzt Mühe geben, ihre Vollkommenheit nachzuah-
men: indem ich nämlich nicht schreibe wie sie.

(110,7; Nr. 104, I S. 275)

Toledo, Ende August 1576. An Jerónimo Gracián:

Ich fürchte, wenn man auf menschliche Hilfe zu bauen beginnt, wird man die göttliche verlieren.

(112,1; Nr. 107, I S. 283)

Toledo, 13. Okt. 1576. An Ambrosio Mariano de San Benito:

Wie gerne sähe ich das kleine Haus in unserem Besitz. Das
andere wird, so Gott will, später zu machen sein; obwohl ich
nicht einmal die Klostermauern jener Leute sehen will, die
uns so wenig lieben.

(127,6; Nr. 123, I S. S. 337f)

Toledo, 21. Oktober 1576.
An Ambrosio Mariano de San Benito:

Es ist nichts Neues, daß Novizinnen aus unseren Klöstern
austreten. Das ist etwas ganz Normales. Sie verlieren nichts,

wenn sie sagen, daß die Härte unserer Lebensweise nichts für ihre Gesundheit sei. Ich habe noch nie bemerkt, daß deswegen jemand weniger geachtet wurde.

(130,4; Nr. 125, I S. 343)

Toledo, 21. Oktober 1576. An Jerónimo Gracián:

Dieser Streit schien mir nicht schlimm, eher freute ich mich über so viel Widerspruch. Dies ist ein Zeichen, daß Gott eifrig gedient werden wird.

(131,5; Nr. 124, I S. 340)

Toledo, 23. Oktober 1576. An María de San José:

Ich beneide Sie um Ihre Generalbeichte, das heißt, daß Sie nicht so viel zu beichten haben wie ich. Ich wäre dabei nicht so leicht weggekommen. Gepriesen sei Gott, der alle liebt ...

Vorige Woche kam der Thunfisch aus Malagón. Er war roh und in gutem Zustand. Er hat uns gut geschmeckt. Seit Kreuzerhöhung habe ich das Fasten gehalten. So gut geht es mir.

(132,2.7.8; Nr. 127, I S. 356f)

Toledo, 23. Oktober 1576. An Jerónimo Gracián:

Daß die Seele sich ... damit beschäftigt, wie man Gott gefallen und ihm besser dienen könne: das heißt wirklich Beten, im Gegensatz zu jenem geistigen Behagen, das nur nach unserem Geschmack ist. Dieses bewirkt nur Trägheit des Geistes, Furcht und Empfindlichkeit, wenn es um unsere Ehre geht. Ich verlange nur nach solchem Beten, das mich in den Tugenden wachsen läßt. Kämen auch große Versuchungen, Trockenheiten und Trübsale über mich, so hielte ich es doch für ein gutes Gebet, wenn ich dadurch demütiger würde. Das, was Gott mehr gefällt, ist für mich das bessere Gebet. Wie könnte man sagen, daß einer, der leidet, nicht betet? Indem er sein Leid Gott aufopfert, betet er viel besser als

jener, der sich in der Einsamkeit den Kopf zerbricht und glaubt, er bete, wenn er sich einige Tränen ausgepreßt hat.
(133,7.8; Nr. 126, I S. 352f)

Toledo, Anfang November 1576. An Lorenzo de Cepeda:
Wenn wir uns beunruhigen, so haben wir noch nicht alles losgelassen. Der größte Gewinn für uns ist, alles zu verlieren, was nicht ewig währt und daher kaum zu achten ist im Vergleich zum ewigen Leben ... Wirklich, wir kennen uns selbst nicht.
(138,5.6; Nr. 133, I S. 373)

Toledo, 11. November 1576. An María de San José:
Leiten Sie die Schwestern nicht mit der Strenge, die ich in Malagón gesehen habe. Die Schwestern sind keine Sklaven, und die Buße hat nur Sinn, wenn sie uns weiterhilft. Ich sage Ihnen, meine Tochter, es ist nötig, darauf zu achten, was so kleine Priorinnen sich ausdenken. Ich bedaure wirklich sehr, was ich schon alles hören mußte.
(143,13; Nr. 135, I S. 380)

Toledo, 11. November 1576. An Jerónimo Gracián:
Dieser große Gott Israels will in seinen Geschöpfen gelobt werden. Sie müssen uns vorangehen im Dienst für die Ehre und den Ruhm Gottes. Wie vorsichtig müssen wir doch sein, um nicht unsere eigene Ehre zu suchen ... Was uns nottut, ist, unsere Niedrigkeit zu erkennen und Gottes Größe zu preisen.
(144,3; Nr. 136, I S. 382)

Toledo, 26. November 1576. An María de San José:
Es hat mir Spaß gemacht, daß diese Leute mich nach Indien (Amerika) schicken wollten. Gott verzeihe es ihnen! Das

beste wäre, sie würden so viel zusammenphantasieren, daß ihnen niemand glaubte.
(148,9; Nr. 142, I S. 398)

Toledo, 13. Dezember 1576. An Jerónimo Gracián:
Jeden Tag verstehe ich die Frucht des Betens besser und wie wichtig es für einen Menschen ist, nahe bei Gott zu sein und nur zu seiner Ehre und für das Heil der anderen Menschen zu beten ... Wie gut geht es mir bei meinem Beichtvater! Als Buße gibt er mir auf, täglich mehr als gewöhnlich zu essen und mich gut zu pflegen.
(158,5.14; Nr. 151, I S. 419.422)

Toledo, 17. Januar 1577. An Lorenzo de Cepeda:
Liebt man die Geschöpfe zu sehr, dann bereiten sie einem Schmerz. Trennt man sich von ihnen, ist das Leid noch größer. Sobald aber Gott von der Seele Besitz ergreift, schenkt er ihr die Herrschaft über alles Geschaffene. Fühlt sie auch die Nähe Gottes nicht mehr ..., so trennt er sich doch nicht von ihr, noch hört er auf, sie mit seiner Gnade zu überhäufen. Im Laufe der Zeit kann man dies gut an den Früchten erkennen ... Die innere Wärme, die Sie (beim Gebet) spüren, hat gar nichts zu bedeuten. Sie schadet nur der Gesundheit, wenn sie zunimmt.
(173,9.12; Nr. 166, I S. 468f)

Toledo, 10. Februar 1577. An Lorenzo de Cepeda:
Ich finde, daß es mit meinen Kopfschmerzen viel besser steht als zu Beginn des Briefes. Ich weiß nicht, vielleicht kommt es von meiner Freude, mit Ihnen sprechen zu können.
(178,25; Nr. 171, I S. 492)

Toledo, 16. Februar 1577.
An Ambrosio Mariano de San Benito:

Sie wissen ja, der Herr will immer, wir möchten einsehen, daß er alles zu unserem Besten fügt. Damit wir noch besser begreifen und erkennen, daß alles sein Werk ist, läßt er tausend Mißgeschicke zu. Gerade dann aber tritt der Erfolg ein.
(179,2; Nr. 173, I S. 496)

Toledo, 27. und 28. Februar 1577. An Lorenzo de Cepeda:
Ich pflege mich mit allem, was ich nötig habe. Und das ist nicht wenig, sogar etwas mehr, als man hier gewöhnlich zur Pflege anwendet. Ich könnte sonst nicht beten! Mein großer Wunsch ist es, gesund zu werden ... Da das Hammelfleisch so schlecht ist, muß ich immer Geflügel essen.
(182,4.5; Nr. 174, I S. 499)

Avila, 10. und 11. März 1578. An Jerónimo Gracián:
Ich bin sehr traurig wegen Fray Juan (de la Cruz). Hoffentlich beschuldigen sie ihn nicht noch mehr. Gott geht schrecklich mit seinen Freunden um. Aber er tut ihnen in Wirklichkeit kein Unrecht, da er ja seinen Sohn ebenso behandelte.
(221,4; Nr. 222, I S. 622)

Avila, 22. Mai 1578. An Jerónimo Gracián:
Der Herr hätte schon selbst alle Hindernisse beseitigt. Handelt man aber aus menschlicher Rücksicht, so erreicht man das angestrebte Ziel nie, eher das Gegenteil, wie man jetzt sehen kann ...

Es ist etwas Großes, die Schwäche jedes einzelnen Menschen ertragen zu können.
(234,4.12; Nr. 235, II S. 31.33)

Avila, 10. August 1578. An Jerónimo Gracián:
Wenn Sie schon bei einem so guten Leben außer sich geraten, was hätten Sie getan, wenn Sie das Schicksal des Fray
Juan (de la Cruz) hätten tragen müssen?
(241,6; Nr. 248, II S. 68)

Avila, 21. August 1578. An Jerónimo Gracián:
Immer sehe ich vor mir, was man Fray Juan de la Cruz an-
getan hat. Ich begreife nicht, wie Gott so etwas zuläßt.
(246,1; Nr. 249, II S. 69)

Avila, Anfang September 1578. An María de San José:
Ich sehe wohl, daß mein Verlangen, dankbar zu sein, keine
Vollkommenheit ist, sondern Veranlagung, da man mich
schon mit einer Sardine, die man mir schenkt, gewinnen
kann.
(250; Nr. 251, II S. 71)

Avila, 4. Oktober 1578. An Pablo Hernández, Jesuit:
Man hat mich eine Landstreicherin und ein unruhiges Weib
genannt und behauptet, ich hätte die Klöster ohne Erlaubnis
des Papstes und des Generals gegründet. Kann man etwas
Schlimmeres oder eines Christen Unwürdigeres vorbringen?
... Ich denke, diese Prüfung kommt von oben. Der Herr
will, daß wir leiden und daß niemand da ist, der für die
Wahrheit eintritt und ein gutes Wort für mich einlegt ...
Mein Vater, wie wenig Freunde hat man doch in der Not.
(254,3.6.7; Nr. 255, II S. 82f.84)

Avila, Mitte November 1578. An Ana de Jesús,
Priorin in Veas:
Ich finde es lächerlich, meine Tochter, daß Sie sich ohne
Grund beklagen, da Sie doch meinen Fray Juan de la Cruz
haben, der ein himmlischer und gotterfüllter Mann ist. Ich

sage Ihnen, seit er dort ist, habe ich in ganz Kastilien keinen mehr gefunden, der mit solchem Eifer den Weg zum Himmel geht. Sie können nicht glauben, wie einsam ich bin ohne ihn.
(261,1; Nr. 265, II S. 104f)

*Avila, 20. Februar 1579. An Nicolás Doria,
später Provinzial und General des Ordens:*

Dieser Brief ist voller Ratschläge, die einer alten und wenig demütigen Person ähnlich sehen. Gebe Gott, daß ich in etwa das Richtige getroffen habe! Wenn nicht, dann bleiben wir doch gute Freunde.
(269,7; Nr. 270, II S. 115)

Avila, 12. März 1579. An Roque de Huerta:

Es hat mich betrübt, daß Sie diese (Ordens-)Angelegenheiten so schwer nehmen. Mir bereiten sie nicht so großen Kummer, weil ich weiß, daß sie von Gott kommen und er mit größerer Sorge darüber wacht als wir ... Vielleicht ist das, was uns voll Widerspruch erscheint, für seinen Dienst am besten. Machen Sie sich keine Sorgen. Das Ende der Welt ist noch nicht da.
(270,1; Nr. 271, II S. 116)

Avila, 21. April 1579. An Jerónimo Gracián:

Ich mußte lachen, als ich hörte, Sie wünschten sich wieder Leiden. Um der Liebe willen, lassen Sie das doch! Sie hätten die Leiden ja nicht allein zu tragen. Ruhen wir uns ein paar Tage aus.
(275,8; Nr. 275, II S. 125)

*Avila, 3. Mai 1579. An Isabel de San Jerónimo
und María de San José:*

Auf jeden Fall werden jene, die nach Leiden verlangen, denen nichts nachtragen, die ihnen Schaden zugefügt haben.

Sie werden sie eher noch mehr lieben. Daran wird man erkennen, ob ihnen die Zeit der Prüfung zum Heil war ...

Die Wahrheit kann leiden, aber sie geht nicht zugrunde.
Ich hoffe, der Herr wird sie immer mehr ans Licht bringen.
(277,18.26; Nr. 278, II S. 135.137)

Malagón, 21. Dezember 1579. An María de San José:

Verzeihen Sie mir, denn ich bin gegen jemand, den ich liebe,
unduldsam und wünsche, daß er keinen Fehler begeht ...

Meine Tochter, wie unnötig ist es, daß Sie sich so sehr
entschuldigen, wenn es um mich geht. Wirklich, es ist mir
gleichgültig, ob meine Töchter sich um mich kümmern oder
nicht, wenn sie nur ihre Pflichten richtig erfüllen ...

Gott mache Sie so heilig, wie ich ihn darum bitte, und be-
hüte Sie mir. So viele Fehler Sie auch haben, so hätte ich
doch gerne noch einige wie Sie.
(300;4.9.19; Nr. 306, II S. 205f.209)

Malagón, Ende Januar 1580. An Jerónimo Gracián:

Ich habe hier so viel Ruhe, wie ich sie mir seit vielen Jahren
gewünscht habe. Obwohl es ganz natürlich ist, daß ich mich
ohne den, der mich sonst tröstete, einsam fühle, ist meine
Seele in Frieden. Niemand denkt hier mehr an Teresa de
Jesús – als ob sie nicht mehr in der Welt wäre. Deshalb
werde ich auch von hier nicht fortgehen, außer man befiehlt
es mir. Schon öfter war ich traurig über den Unsinn, den ich
dort (bei Ihnen) hören mußte. Man sagt nämlich, Teresa sei
eine Heilige. Sie muß es wohl sein ohne Kopf und Füße!
(307; Nr. 301, II S. 195f)

Palencia, 17. Februar 1581. An Jerónimo Gracián:

Seien Sie doch nicht so übereifrig mit Ihren Predigten in der
Fastenzeit, und lassen Sie das schädliche Essen von Fischen
bleiben! Die schlimmen Folgen und die Versuchungen wer-

den schon kommen, auch wenn Sie es jetzt nicht einsehen wollen.

(348,3; Nr. 353, II S. 342f)

Palencia, 23. Februar 1581. An Jerónimo Gracián:

Sorgen Sie um der Liebe willen für Sauberkeit, was Betten und Servietten betrifft, wenn es auch mehr kosten sollte. Es ist schrecklich, wenn es daran fehlt. Ich wünsche, daß dieser Punkt in die Satzungen kommt, obwohl ich glaube, daß dies − nach der jetzigen Gewohnheit − nichts nützen wird.

(354,4; Nr. 354, II S. 351)

Palencia, 23. und 24. März 1581. An Jerónimo Gracián:

Alles erscheint mir wie ein Traum (die Anerkennung als eigene Ordensprovinz). So viel wir auch hätten tun können, nie wäre es so gut ausgefallen, wie Gott es jetzt gefügt hat. Er sei für immer gepriesen.

(361,1; Nr. 362, II S. 373)

Palencia, 28. März 1581. An Antonio Gaitán:

Die Mutter Priorin wird Ihnen sagen, welch große Freude ich habe über den Stand (Ehe), den Gott Ihnen zu Ihrer Zufriedenheit geschenkt hat. Mögen Sie in ihm für seinen Dienst leben, denn es gibt in der Ehe Heilige wie auch in allen anderen Lebensständen. Auch Sie können einer werden, wenn Sie nicht aus eigener Schuld versagen.

(363,1.2; Nr. 366, II S. 378)

Soria, 30. Juni 1581. An Dionisio Ruiz de la Peña:

Bei unserem Herrn zählt nur die Liebe. Mit ihr allein ist er schon zufrieden. Denn wirklich, wo Liebe ist, zeigt sie sich auch in Werken und in dem Wunsch, nichts gegen Gottes Willen zu unternehmen.

(372,12; Nr. 376, II S. 400)

Avila, 17. September 1581. An Jerónimo Gracián:

Gott will nicht, daß wir Ehre suchen bei den Großen dieser Welt, sondern bei den Armen, wie es die Apostel waren ... Gott befreie mich von diesen Großen, die Macht ausüben und so unberechenbar sind!

(383,3.4; Nr. 385, II S. 422f)

Avila, 8. November 1581. An María de San José:

Es tut mir sehr leid, daß Sie mir in meiner Armseligkeit gleichen. Denn bei mir ist alles schlecht, ja sehr schlecht, besonders meine körperliche Konstitution ... Das Rezept über die Pillen, das ich hier beilege, wurde von vielen Ärzten gelobt. Ein guter Arzt hat es mir selbst verschrieben. Ich glaube, die Pillen werden Ihnen sehr gut tun, wenn Sie auch nur alle vierzehn Tage eine nehmen. Mir haben sie sehr geholfen.

(387,5.6; Nr. 390, II S. 441)

Avila, Ende November 1581. An Pedro Castro y Nero:

Kommt der Pater Provinzial nicht, so unterbleibt also die Predigt. Wenn ich auch einsehe, daß man jemand nicht bitten kann, der keine Lust hat zu predigen, so wird man den Ausfall der Predigt doch mehr beklagen als den Verlust der Rebhühner (die man dem Prediger geben wollte). Ich weiß nicht, was man machen soll.

(392,3; Nr. 394, II S. 457)

Avila, 29. November 1581. An Jerónimo Gracián:

Er hat mir zwei Geldstücke gegeben − ich glaube, sie sind beide vier Taler wert −, um sie Ihnen zu schicken. Ich werde sie erst senden, wenn ich einen sicheren Boten habe. Ich gebe sie nicht gerne her. Denn in dieser Lage fehlte nicht viel, daß ich versucht wäre, sie zu stehlen.

(398,3; Nr. 398, II S. 463)

Burgos, 7. Mai 1582. An Pedro Manso:

(Unser Pater Provinzial) mußte heute morgen abreisen ...
Wir sind sehr einsam zurückgeblieben ... Möge Gott selbst
sich uns schenken, damit wir die Abwesenheit (geliebter
Menschen) nicht so sehr spüren.
(419,1.2.4; Nr. 421, II S. 507f)

Burgos, 20. Mai 1582. An Jerónimo de Reinoso:

Der Teufel unterstützt sie, mir die Schuld für etwas anzu-
dichten, wofür man mir eher dankbar sein sollte. Sie bringen
viele Zeugnisse gegen mich vor, ja, einige von ihnen treten
selbst als Zeugen auf. Alles zielt auf undurchsichtige Pläne
ab, die ich gesagt, gewollt und getan haben soll — ja sie
glauben sogar zu wissen, was ich gedacht habe.
(423,2; Nr. 425, II S. 512)

Valladolid, 2. September 1582. An Ana de los Angeles:

Wie ich jetzt dorthin kommen soll, weiß ich nicht. Sie würden erschrecken über die Arbeit, die ich jetzt habe, und die
vielen Geschäfte, die mich noch umbringen. Doch Gott kann
alles. An alle herzliche Grüße; da ich eilig bin, kann ich
nicht weiter schreiben.
(439,5.6; Nr. 440, II S. 562)

Anhang

Adressaten der Briefe Teresas

Juana de Ahumada

Jüngste Schwester Teresas. War ihr behilflich beim Kauf des Hauses für das erste Reformkloster San José, das Teresa ohne Wissen des Provinzials und ihres Konventes als neues Kloster herrichten ließ.

Ana de los Angeles

Gute Freundin Teresas. War Priorin im Karmel in Toledo.

Domingo Báñez

Dominikaner, bedeutender Theologe, Professor an der Universität Salamanca. Lange Jahre Teresas Berater. Verteidigte ihr Reformkloster. Billigte ihre Lebensbeschreibung, die die Inquisition zu Teresas Lebzeiten nicht mehr freigab. Regte sie an, das Buch „Weg der Vollkommenheit" zu schreiben.

María Bautista (María de Ocampo)

Nichte Teresas. Als 17jährige anwesend bei den Gründungsgesprächen mit Teresa in ihrer Zelle im Kloster der Menschwerdung in Avila. Sie stellte die Frage, ob man nicht ein kleines, strengeres Klösterchen gründen könne, und bot ihre Mitgift an. Später Vertraute Teresas. Priorin in Valladolid.

Ambrosio Mariano de San Benito (Mariano vom hl. Benedikt)

Doktor der Theologie. Italiener. Längere Zeit Verwalter des Hauses der Königin von Polen. 8 Jahre lang Mönch in einer Eremitengemeinschaft. Die Begegnung mit Teresa bewog ihn, in den Reformkarmel einzutreten. Großer Förderer der Reform. Freund des spanischen Königs Philipp II.

Teotonio de Braganza

Erzbischof von Ebora, Portugal. Lernte Teresa als Theologiestudent in Salamanca kennen und war von da an ihr geistiger Schüler. Treuer Freund und Förderer der Reform. Veröffentlichte 1583, ein Jahr nach Teresas Tod, ihr Buch „Weg der Vollkommenheit".

Lorenzo de Cepeda

Dritter Bruder Teresas und ihr Freund. Hatte bedeutende Ämter in Peru inne, an der Seite des Vizekönigs, war Gouverneur, Schatzmeister etc., wurde reich und schickte Geld für Teresas erstes Kloster San José. Nach dem Tod seiner Frau und seiner Kinder wollte er ins Kloster eintreten. Teresa gewann ihn für das geistliche Leben. Großer Wohltäter der Reform und seiner Verwandten. Teresa nannte ihn „eine edle Seele". Starb 1580, zwei Jahre vor Teresas Heimgang.

Luisa de la Cerda

Gehörte dem vornehmsten Adel Spaniens an. Verlor 1562 ihren Mann, den Grafen Arias Pardo, war Schwester des Herzogs von Medinaceli. Teresa wurde vom Provinzial nach Toledo geschickt, um sie zu trösten. Treue Förderin der Reform. Veranlaßte die Klostergründung von Malagón.

Nicolás Doria (Nikolaus von Jesus Maria)

Italiener, Jurist, reicher Geschäftsmann in Sevilla. Trat 1577 in den Reformierten Karmel ein. Wurde Begleiter Graciáns, 1585 sein Nachfolger als Provinzial. Durch sein machtbewußtes, wenig spirituelles Wesen kam ein fremder Ton in Teresas Werk. Es kam zu schweren Spannungen, Johannes vom Kreuz wurden kurz vor seinem Tod alle Ämter in der Ordensleitung abgenommen, Gracián ein Jahr später aus dem Orden ausgestoßen. Der Dorianismus hat dem Karmelorden auf Jahrhunderte schwer geschadet, ihn mit Geschichtsfälschungen seiner teresianisch-humanistischen Prägung beraubt. Erst heute, im Zuge des 2. Vatikanischen Konzils, kann der Dorianismus abgebaut werden.

Ana de la Encarnación

Mitschwester Teresas, Priorin des Karmels in Salamanca.

Antonio Gaitán (Anton Gaytán)

Adeliger; treuer Freund der Reform. Begleitete Teresa öfters auf Reisen. Half ihr bei der Gründung der Klöster in Veas, Sevilla, Caravaca.

Jerónimo Gracián (Hieronymus von der Muttergottes)

Neben Johannes vom Kreuz engster und bedeutendster Mitarbeiter Teresas. Erster Provinzial der Reform. Verstand den teresianischen Humanismus: Freiheit des Geistes, Maßhalten in der Askese, missionarische Sendung des Karmel, am besten. Nicolás Doria, den Gracián zu seinem Nachfolger empfohlen hatte, wurde in seiner Geistesenge und Machtbesessenheit immer stärker zum Gegenspieler Graciáns und der Gruppe, die Teresas Werk retten wollte. Gracián fiel beim Nuntius in Ungnade. Nach schweren Verleumdungen wurde er als Visitator des Amtes enthoben. Teresa verteidigte ihn beim Ordensgeneral. Gracián wurde 1592, zehn Jahre nach Teresas Tod, aus dem Orden ausgestoßen. In seinen Lebenserinnerungen hielt Gracián, der in den Niederlanden lebte, die Erinnerung an Teresas Charisma wach.

Roque de Huerta

Königlicher Forstmeister. Förderer der Reform.
Freund Graciáns.

Catalina Hurtado (Katharina Hurtado)

Dame aus Toledo. Wohltäterin.

Isabel de San Jerónimo (Elisabeth vom hl. Hieronymus)

Mitschwester Teresas im Karmel Sevilla.

María de San José (Maria vom hl. Josef)

Eine der bedeutendsten Schwestern und Töchter Teresas. Teresa lernte sie im Hause der Luisa de la Cerda kennen. Sie begleitete Teresa in mehrere Klöster und wurde von ihr als Priorin für Sevilla empfohlen. War Dichterin und Schriftstellerin. Sie gehörte zum treuesten Kern der Teresianer/innen und mußte entsprechend unter Verleumdungen leiden. Gründete 1585 den Karmel in Lissabon, wo sie als Priorin und geistreiche Frau in hohem Ansehen stand.

Ana de Jesús (Anna von Jesus)

Wohl bedeutendste Tochter Teresas. Befreundet mit Johannes vom Kreuz und Luis de León. In der Verfolgung des teresianischen Erbes unter Doria ebenfalls federführend in der Opposition. Schriftstellerisch tätig. Novizenmeisterin in Salamanca, Priorin in Veas, gründete 1582, im Todesjahr Teresas, das Kloster in Granada. „Meine Tochter und meine Krone" nannte Teresa Ana de Jesús, als sie den Karmeliten 1579 Geld gab zur Reise nach Rom, um die Eigenständigkeit der Ordensprovinz zu erwirken. Sammelte nach dem Tod Teresas ihre Schriften für die Publikation durch Luis de León 1588.

Inés de Jesús (Agnes von Jesus)

Mitschwester und Vertraute Teresas. Priorin im Kloster Medina del Campo.

Mariana Xuárez de Lara

Förderin der Reform und Freundin Teresas. Wahrscheinlich Frau des Bürgermeisters in Salamanca.

Pedro Manso (Petrus Manso)

Doktor der Theologie, Kanonikus in Burgos, später Bischof von Calahorra. Förderer und Freund der Reform.

Alvaro de Mendoza

Aus dem Geschlecht der Ribadavía. Bischof von Avila, später von Palencia. Treuer Freund der Reform. Verteidigte die Gründung San José vor der aufgebrachten Volksmenge. Erlaubte die Klostergründung in Burgos, verhandelte mit General und Nuntius. Er gab San José auch Richtlinien, das Kloster unterstand nicht dem Orden.

María de Mendoza

Schwester des Bischofs Alvaro de Mendoza von Avila. Wohltäterin und Freundin Teresas.

Pedro Castro y Nero

Professor an der Universität Salamanca, Kanonikus in Avila, später Bischof in verschiedenen Diözesen. Kritischer Geist. Prüfte Teresas Schriften.

Inés Nieto (Agnes, Gemahlin von Johann Albornoz)

Lebte am Hof der Herzogin von Alba. Wohltäterin, Freundin Teresas.

Diego Ortiz

Professor der Theologie in Toledo. Machte Teresa Schwierigkeiten bei der Gründung des Klosters in Toledo. Scharfer Ton im Briefwechsel.

Dionisio Ruiz de la Peña

Lizentiat und Beichtvater des Kardinals de Quiroga in Toledo. Teresa mußte sich vor ihm gegen Verdächtigungen verteidigen.

Jerónimo de Reinoso (Hieronymus de Reinoso)

Kanonikus in Palencia, treuer Förderer der Reform. Half bei der Gründung des Klosters in Palencia. Wohltäter.

Giovanni Battista Rossi *(Juan Bautista Rubeo)*

General der Karmeliten in Rom. Besuchte auf Wunsch Philipps
II. die spanischen Ordensprovinzen Andalusien und Kastilien. In
Avila hielt er ein Kapitel ab. Er unterhielt sich öfters mit Teresa
in ihrem ersten Reformkloster San José und war für ihre Sache
gewonnen. 1567 erhielt Teresa von ihm ein Breve, Männer- und
Frauenklöster nach der Reform zu gründen. Aufgrund der Spannungen zwischen dem Karmel der alten Observanz und Teresas
Reformwerk widerrief P. Rossi 1575 in Piacenza alle Privilegi-
en, die er dem Reformkarmel gegeben hatte. Teresa wurde angewiesen, ein kastilisches Kloster aufzusuchen, das sie nicht mehr
verlassen sollte. Ihrer Geschicklichkeit gelang es, P. Rossi über
die Verleumdungen aufzuklären, so daß ein neues Breve ihrer
Reform die Freiheit zurückgab. P. Rossi starb 1578.

Francisco de Salcedo

Edelmann. Freund Teresas und Förderer der Reform von Anfang an. Wurde später Priester.

García de Toledo

Neffe des Herzogs von Alba, wurde in Westindien Dominikaner. Begegnete Teresa als Oberer in Avila 1555, war ihr Beichtvater. Regte sie zu ihrem Bericht über ihr Leben an. Ging mit
seinem Vetter, Franz von Toledo, Vizekönig von Peru, nach
Amerika. Groß war Teresas Freude, ihn 1581 in Spanien wie-
derzusehen. Er starb heiligmäßig 1590.

Zeittafel

1515	28. 3: Geburt Teresas de Ahumada y Cepeda.
1517	Thesenanschlag Martin Luthers in Wittenberg.
1519	Der spanische König Karl I. wird als Karl V. Kaiser des Hl. Römischen Reiches deutscher Nation.
1528	Tod der Mutter Teresas, Doña Beatriz de Ahumada.
1531	Heinrich VIII. von England trennt sich von Rom.
1531/32	Teresa im Internat der Augustinerinnen Santa María de Gracia in Avila.
1535	2. 11.: Eintritt Teresas ins Karmelitinnenkloster der Menschwerdung (Encarnación) in Avila.
1536	Tod des Erasmus von Rotterdam.
1539	Ignatius von Loyola gründet die Gesellschaft Jesu.
1541	Reformation des Johannes Calvin in Genf.
1542	Geburt von Juan de Yepes, des späteren Johannes vom Kreuz, in Fontiveros.
1543	Tod des Vaters Teresas, Don Alonso de Cepeda.
1545	Beginn des Konzils von Trient (mit Unterbrechungen bis 1563).
1546	Tod Martin Luthers.
1554	Innere Erschütterung Teresas vor einem Bild Jesu Christi.
1556	Karl V. dankt ab und zieht sich ins Kloster Yuste zurück. Philipp II. besteigt den spanischen Thron.
1559	Verbot aller geistlichen Literatur in der Volkssprache durch den Großinquisitor Fernando de Valdés.
1560/62	Teresa schreibt ihre Autobiographie (Vida).
1562	24. 8.: Gründung des Klosters San José in Avila - das erste Kloster der Reform.

1562	Teresa beginnt das Buch „Weg der Vollkommenheit" (Camino de Perfección) zu schreiben.
1563	Abschluß des Konzils von Trient.
	22. 8.: Juan de Yepes tritt ins Karmelitenkloster zu Medina del Campo ein (Juan de Santo Matía).
	Teresa schreibt für ihr neues Kloster Satzungen (Constituciones), die 1565 durch Papst Pius IV. bestätigt werden.
1567	P. G. B. Rossi (Rubeo), der General der Karmeliten, kommt nach Avila und erlaubt Teresa, weitere Schwesternklöster und zwei Mönchsklöster zu gründen.
	Teresa lernt in Medina del Campo Juan de Santo Matía kennen und gewinnt ihn für die Reform; er nennt sich Juan de la Cruz (Johannes vom Kreuz).
1568	28. 11.: Johannes vom Kreuz und Antonio de Jesús (de Heredia) gründen das erste Männerkloster der Reform in Duruelo.
1571/74	Teresa ist 3 Jahre lang Priorin im Kloster der Menschwerdung in Avila.
1572	25. 3.: Jerónimo Gracián tritt in den Karmel in Pastrana ein.
	September: Johannes vom Kreuz nimmt sein Amt als Beichtvater und Vikar der Schwestern im Kloster der Menschwerdung in Avila auf.
1573	Teresa beginnt, das „Buch der Klosterstiftungen" (Fundaciones) zu schreiben.
1574	Jerónimo Gracián wird zum Provinzvikar und Visitator der Karmeliten in Andalusien ernannt.
1575	April/Mai: Begegnung Teresas mit P. Jerónimo Gracián in Beas.
	22. Mai: Der Ordensgeneral P. Rossi widerruft in Piacenza alle Vollmachten, die er Teresa gegeben hat.
	Dezember: Teresa erhält den Befehl, sich zurückzuziehen und weitere Gründungen zu unterlassen.

1575	Beginn der Verfolgung des reformierten Zweiges des Ordens von seiten der (sog. Beschuhten) Karmeliten der alten Observanz.
1576	Die Schwestern im Karmelitinnenkloster in Sevilla werden nach einer Anzeige durch eine Kandidatin des Illuminatentums bezichtigt und von der Inquisition verhört.
1577	24. 3.: Nicolás Doria tritt in den Karmel in Sevilla ein.
	Juni–November: Im Auftrag P. Graciáns schreibt Teresa „Die innere Burg" (Las Moradas del Castillo interior).
	2./3. 12.: Johannes vom Kreuz wird von Karmeliten der alten Observanz aus Avila entführt und in ihrem Kloster in Toledo gefangengehalten.
1578	Mitte August: Johannes vom Kreuz flieht aus dem Kerker in Toledo.
1579	1. 4.: Die Karmeliten der Reform (die sog. Unbeschuhten) unterstehen nicht mehr den Karmeliten der alten Observanz. Ende der Verfolgung.
1580	22. 6.: Breve Gregors XIII.: Die Karmeliten der Reform bilden eine eigene Ordensprovinz.
1581	3. 3.: Beginn des Kapitels der Karmeliten der Reform in Alcalá. P. Gracián wird Provinzial.
1582	Auf der Rückreise von ihrer letzten Klostergründung in Burgos stirbt Teresa am Abend des 4. Oktober bei den Schwestern in Alba de Tormes.
1585	10. 5.: P. Nicolás Doria wird Provinzial der Karmeliten der Reform. In den folgenden Jahren kommt es zu starken Spannungen innerhalb der Reform.
1588	Erste Herausgabe der Schriften Teresas durch Fray Luis de León in Salamanca.
1591	Juni: Kapitel der Karmeliten der Reform in Madrid.
	Johannes vom Kreuz wird aus der Ordensleitung ausgeschaltet.

1591	14. 12.: Johannes vom Kreuz stirbt im Kloster zu Ubeda.
1592	Februar: Jerónimo Gracián wird aus dem Orden ausgeschlossen.
1614	24. 4.: Seligsprechung Teresas.
1618	Erste Herausgabe der Schriften des Johannes vom Kreuz in Alcalá.
1622	12. 3.: Heiligsprechung Teresas.
1675	25. 1.: Seligsprechung Johannes' vom Kreuz.
1726	27. 12.: Heiligsprechung Johannes'.
1926	24. 8.: Johannes vom Kreuz wird zum Kirchenlehrer erklärt.
1970	27. 9.: Teresa wird als erste Frau zur Kirchenlehrerin erklärt.

Ausbreitung der Reform

Klostergründungen Teresas

Schwestern:

24. 8. 1562	San José in Avila	
15. 8. 1567	Medina del Campo	
11. 4. 1568	Malagón	
15. 8. 1568	Valladolid	
14. 5. 1569	Toledo	
23. 6. 1569	Pastrana	
1.11. 1570	Salamanca	
25. 1. 1571	Alba de Tormes	
19. 3. 1574	Segovia	
24. 2. 1575	Beas	
29. 5. 1575	Sevilla	

1. 1. 1576	Caravaca	
	(durch Ana de San Alberto im Auftrag Teresas)	
21. 2. 1580	Villanueva de la Jara	
29.12. 1580	Palencia	
3. 6. 1581	Soria	
26. 1. 1582	Granada	
	(durch Ana de Jesús im Auftrag Teresas)	
19. 4. 1582	Burgos	

Patres:

28.11. 1568	Duruelo	
13. 7. 1569	Pastrana	

Gründungen der Unbeschuhten Karmeliten
bis zum Tode des heiligen Johannes vom Kreuz (1591):

28.11. 1568 Duruelo
13. 7. 1569 Pastrana
11. 6. 1570 Mancera de Abajo
             (Übersiedlung von
             Duruelo)
1.11. 1570 Alcalá de Henares
24.11. 1571 Altomira
Anfang April 1572 La Roda
Oktober 1572 San Juan
             del Puerto
28.4. bzw. 19.5.1573 Granada
29. 6. 1573 La Peñuela
5. 1. 1574 Sevilla -
             Los Remedios
7. 3. 1575 Almodóvar
             del Campo
1. 12. 1576 El Calvario (Über-
             siedlung von La Peñuela;
             Rückkehr: 10. 8. 1577)
14. 6. 1579 Baeza
4. 5. 1581 Valladolid
1. 6. 1581 Salamanca
14.10. 1581 Lissabon
Mai 1583 Fuensanta
25. 7. 1583 Daimiel
27. 6. 1584 Málaga
1.12. 1584 Genua
24. 3. 1585 Guadalcázar
18. 1. 1586 Mexico Stadt
25. 1. 1586 Barcelona
25. 2. 1586 Madrid
3. 5. 1586 Segovia

16. 5. 1586 Toledo
18. 5. 1586 Córdoba
12.10. 1586 La Manchuela
             (heute Mancha Real)
18.12. 1586 Caravaca
1. 6. 1587 Manzanares
24. 6. 1587 Bujalance
5. 8. 1587 Villanueva de
             la Jara
6. 8. 1587 Pamplona
30. 8. 1587 Sevilla -
             Santo Angel
14. 9. 1587 Ubeda
5. 2. 1588 Mataró
5. 6. 1588 Jaén
20. 9. 1588 Medina del
             Rioseco
25.12. 1588 Tárrega
18. 4. 1589 Perpiñan
Mai 1589 Lérida
4. 8. 1589 Toro
8. 8. 1589 Valencia
3. 9. 1589 Burgo de Osma
13. 4. 1590 Cogolludo
1590 Aguilar
27. 8. 1590 Andújar
21. 9. 1590 Tortosa
10.10. 1590 Alcaudete
7. 5. 1591 Vélez-Málaga
20. 5. 1591 Tamarite de Litera
29. 6. 1591 Gerona
19. 9. 1591 Ecija

Anmerkungen

Die Zitate aus den Werken Teresas wurden größtenteils nach der spanischen Gesamtausgabe (s. Literaturverzeichnis) übersetzt. Der „Camino de Perfección" wird – soweit nicht anders vermerkt – nach dem Codex von Valladolid zitiert.

Bei den Stellennachweisen folgt auf den Kurztitel die Kapitel- und Abschnittangabe der spanischen Ausgabe, zum Vergleich werden dann noch Kurztitel und Seite des entsprechenden Bandes der deutschen Ausgabe der Sämtlichen Schriften angegeben:

Bd. 1: Das Leben der heiligen Theresia von Jesu;
Bd. 2: Das Buch der Klosterstiftungen;
Bd. 3: Briefe der heiligen Theresia von Jesu I;
Bd. 4: Briefe der heiligen Theresia von Jesu II;
Bd. 5: Die Seelenburg;
Bd. 6: Weg der Vollkommenheit.

Bei den Nachweisen zu Stellen aus dem Werk „Castillo interior" steht die römische Zahl für die „Wohnung", die arabische Zahl für die Kapitelnummer. Für die Übersetzung wurde die deutsche Übertragung „Die innere Burg" von Fritz Vogelgsang herangezogen, auf die mit dem Kurztitel „Burg" verwiesen wird.

Die Briefe sind nachgewiesen mit Nummer und Abschnitt der spanischen Ausgabe, darauf folgt die Nummer der Ausgabe in den Sämtlichen Schriften sowie die Seite des entsprechenden Bandes der Briefe.

1 Ildefonso Moriones, Das Teresianische Charisma. Eine Studie über die Ursprünge, Rom 1973, S. 127.

2 Fundaciones 5,13; Klosterstiftungen S. 51.

3 Edward Schillebeeckx, Profetas de la presencia viva de Dios, in: Revista de Espiritualidad, Juli/Dezember 1970, Madrid, S. 319.

4 Fundaciones 27,12; Klosterstiftungen S. 215.

5 Vida 2,4; Leben S. 38.

6 Vida 2,8; 3,1; Leben S. 40ff.

7 Vida 3,5; Leben S. 44.

8 Vida 4,1; Leben S. 46.

9 Vida 4,2; Leben S. 47.

10 Vida 4,8; Leben S. 51.

11 Vida 6,2; Leben S. 63f.

12 Vida 6,3; Leben S. 64.

13 Vida 7,1; Leben S. 70.

14 Vida 7,14; Leben S. 79.

15 Vida 7,22; Leben S. 85.

16 Vida 7,22; Leben S. 85.

17 Vida 8,5.6; Leben S. 88f.

18 P. Anastasio del SS. Rosario OCD, Botschaft der hl. Theresia von Avila, in: Christliche Innerlichkeit, 2. Jg., Sept./Okt. 1966, S. 18-21.

19 Vida 8,9; Leben S. 91.

20 Vida 9,1; Leben S. 93.

21 Vida 11,1; Leben S. 105.

22 Vida 11,4; Leben S. 107.

23 Castillo V 3; Burg S. 99f.

24 Vida 16,7; Leben S. 154f.

25 Vida 16,7; Leben S. 155.

26 Vgl. Waltraud Herbstrith, Ursprung und Entwicklung des Karmelordens, in: Karmel in Deutschland. Teresa von Avila - 400. Todestag, München 1981, S. 30-36; Ulrich Dobhan, Die Spiritualität des Karmel, Leutesdorf 1990.

27 Vgl. Ulrich Dobhan, Ordensreformen in Kastilien. Johannes vom Kreuz und das Reformwerk der hl. Teresa (Manuskript).

28 Vida 32,14; Leben S. 319.

29 Vida 33,2; Leben S. 322.

30 Vida 36,19; Leben S. 366f.

31 Deutsche Übersetzung in: Sämtliche Werke, Bd. 6, S. 218-249.

32 Zu Johannes vom Kreuz liegt jetzt vor: Ulrich Dobhan - Reinhard Körner, Johannes vom Kreuz. Die Biographie, Freiburg 1992.

33 Brief Nr. 33, I S. 94.

34 Vgl. Leben S. 478 (Gunstbezeugungen Gottes Nr. 19).

35 Brief Nr. 36, I S. 102.

36 Siehe Dobhan - Körner, Johannes vom Kreuz, S. 65 ff.

37 Ebd. S. 66; Brief Nr. 44, I S. 116.

38 Vgl. Anna Maria Strehle, Teresa von Avila - Geschichte und Gestalt, in: Waltraud Herbstrith (Hrsg.), Gott allein. Teresa von Avila heute, Freiburg 1982, 34-55, S. 50f.

39 Fundaciones 27,18; Klosterstiftungen S. 219f.

40 Über Leben und Werk der Catalina de Cardona berichtet Teresa in Fundaciones 28; Klosterstiftungen S. 233ff.

41 Fundaciones 23; Klosterstiftungen S. 178 u. 184.

42 S. Dobhan - Körner, Johannes vom Kreuz, S. 79ff.

43 Brief Nr. 211, I S. 585.

44 Brief Nr. 249, II S. 69.

45 Vgl. Dobhan - Körner, Johannes vom Kreuz, S. 138ff.
46 Dobhan - Körner, Johannes vom Kreuz, S. 175ff.
47 Zitiert nach: Erika Lorenz, Eine Lanze für Teresa! Die Apologie des Fray Luis de León (1589), in: Der Weg zum Quell, Düsseldorf 1982, 177-206, S. 180.
48 Castillo II; Burg S. 42f.
49 Castillo I 1; Burg S. 21f.
50 Castillo I 1; Burg S. 23f.
51 Castillo I 1; Burg S. 24.
52 Hugo M. Enomiya-Lassalle, Zen-Buddhismus, Köln 1966, S. 330.
53 Castillo I 1; Burg S. 21.
54 Fundaciones 5,10; Kloster-stiftungen S. 50.
55 Castillo I 2; Burg S. 29f.
56 Castillo I 2; Burg S. 30.
57 Castillo IV 2; Burg S. 68.
58 Castillo VII 4; Burg S. 210f.
59 Castillo VII 1; Burg S. 191.
60 Castillo IV 3; Burg S. 74.
61 Castillo III 2; Burg S. 54.
62 Vida 8,2; Leben S. 86f.
63 Vida 8,2; Leben S. 86.
64 Vida 8,13; Leben S. 93
65 Vida 9,3; Leben S. 94.
66 Vida 9,6; Leben S. 95.
67 Vida 13,11; Leben S. 126.
68 Vida 13,13; Leben S. 127.
69 Vida 19,10.13; Leben S. 175.177.
70 Vida 13,13; Leben S. 128.
71 Vida 22,1.2.3; Leben S. 204f.
72 Vida 22,3.4; Leben S. 207.
73 Vida 22,6; Leben S. 208.
74 Vida 22,7; Leben S. 209.
75 Vida 22,8; Leben S. 209.
76 Vida 22,9; Leben S. 209f.
77 Vida 22,10; Leben S. 210.
78 Vida 22,11; Leben S. 211.
79 Vida 22,11; Leben S. 211.
80 Vida 25,13; Leben S. 239.
81 Camino 1,2; Weg S. 22f.
82 Camino 1,5; Weg S. 24.
83 Camino 1,5; Weg S. 24.
84 Camino 10,5; Weg S. 66.
85 Camino 15,7; Weg S. 84.
86 Camino 16,7; Weg S. 90.
87 Camino 20,2; Weg S. 111f.
88 Camino 21,3; Weg S. 115.
89 Camino 26,3; Weg S. 133f.
90 Castillo I 2; Burg S. 29.
91 Castillo I 1; Burg S. 22.
92 Castillo IV 3; Burg S. 72f.
93 Castillo V 1; Burg S. 82.
94 Castillo V 1; Burg S. 87.
95 Castillo V 1; Burg S. 87.
96 Castillo V 4; Burg S. 104.
97 Castillo VII 1; Burg S. 191f.
98 Castillo VII 2; Burg S. 196.
99 Castillo VII 2; Burg S. 196.
100 Castillo VII 4; Burg S. 207.
101 Castillo VII 3; Burg S. 204.
102 Castillo VII 1; Burg S. 192.
103 Castillo VII 1; Burg S. 193.
104 Castillo VII 2; Burg S. 195.
105 Castillo VII 2; Burg S. 197.
106 Castillo VII 2; Burg S. 198.

107 Castillo VII 4; Burg S. 209.

108 Castillo VII 3; Burg S. 204.

109 Castillo VII 3; Burg S. 203.

110 Castillo VII 4; Burg S. 209.

111 Castillo VII 4; Burg S. 212.

112 Castillo VII 4; Burg S. 211.

113 Castillo VII 4; Burg S. 212.

114 Castillo, Nachwort; Burg S. 216f.

115 Christ in der Gegenwart, Nr. 44, 1. 11. 1970.

116 Karl Rahner, Erwägungen eines Theologen, in: Teresa de Jesús. Eine Frau als Kirchenlehrer, S. 35.

117 Camino 17,2; Weg S. 92f.

118 Camino 18,8; Weg S. 100

119 Otto Hermann Pesch, Sprechender Glaube, Mainz 1970, S. 84 u. 56.

120 Ebd. S. 100.

121 Camino 21,2; Weg S. 115.

122 Camino 23,1; Weg S. 124.

123 Camino 24,4; Weg S. 128.

124 Camino 23,2; Weg S. 124f.

125 Camino 24,1; Weg S. 127.

126 Camino 29,5.6; Weg S. 150.

127 Vida 40,6; Leben S. 414.

128 Vida 34,11; Leben S. 339.

129 Vida 39,9; Leben S. 402.

130 Vida 39,16; Leben S. 405.

131 Camino 29,4; Weg S. 149.

132 Camino 37,1; Weg S. 192.

133 Camino 24,2; Weg S. 128.

134 Camino 24,4; Weg S. 129.

135 Camino 24,5; Weg S. 130.

136 Camino 26,8; Weg S. 136.

137 Camino 26,9; Weg S. 136f.

138 Camino 26,10; Weg S. 137.

139 Camino 27,1; Weg S. 138.

140 Camino 28,1; Weg S. 141.

141 Camino 28,6.7; Weg S. 144.

142 Camino 28,10.11; Weg S. 145f.

143 Camino 29,4; Weg S. 149.

144 Camino 29,6; Weg S. 150.

145 Camino 30,6; Weg S. 154.

146 Camino 31,1; Weg S. 155.

147 Camino 31,2.3; Weg S. 156.

148 Camino 31,3; Weg S. 157.

149 Camino 1,6; Weg S. 159.

150 Sr. Elia Krakau OCD, Östliche Meditation und Kontemplation des Karmels, in: Teresa de Jesús, S. 111.

151 Karl Rahner, Erwägungen eines Theologen, S. 34.

152 Sr. Elia Krakau OCD, Östliche Meditation, S. 116.

153 Camino 32,4; Weg S. 166.

154 Camino 32,8; Weg S. 168.

155 Camino 32,5; Weg S. 166.

156 Camino 32,5.6; Weg S. 166f.

157 Camino 32,7; Weg S. 167.

158 Camino 32,12; Weg S. 170.

159 Camino 32,13; Weg S. 170.

160 Hans Urs v. Balthasar, Wer ist ein Christ? Einsiedeln, 4. Aufl. 1966, S. 82 u. 80.

161 Camino 32,13; Weg S. 170.

162 Camino 34,12; Weg S.181.

163 Camino 34,2; Weg S. 175.

164 Camino 37,2; Weg S. 193.

165 Camino 36,2; Weg S. 185.

166 Camino 36,6; Weg S. 188.

167 Camino 36,7; Weg S. 189.

168 Camino 36,8; Weg S. 189.

169 Camino 38,1; Weg S. 194.

170 Camino 38,2; Weg S. 195.

171 Camino 42,4; Weg S. 215f.

172 Camino 42,5; Weg S. 216.

173 Castillo VI 10; Burg S. 180.

174 Vida 2,9; Leben S. 40.

175 Vida 3,1; Leben S. 41f.

176 Ebd.

177 Vida 3,2; Leben S. 42.

178 Ebd.

179 Vida 3,2; Leben S. 42f.

180 Vida 3,5; Leben S. 44.

181 Vida 3,6; Leben S. 44.

182 Vida 3,6; Leben S. 44f.

183 Vida 4,1; Leben S. 46.

184 Vida 7,18; Leben S. 85.

185 Vgl. Ulrich Dobhan, Gott - Mensch - Welt in der Sicht Teresas von Avila, S. 356f.

186 Vida 8,2; Leben S. 86.

187 Vida 8,7; Leben S. 90.

188 Vida 7,14; Leben S. 82.

189 Vida 7,10; Leben S. 79.

190 Vida 7,14; Leben S. 81.

191 Vida 25,11; Leben S. 238.

192 Vida 25,12; Leben S. 239.

193 Vida 25,20; Leben S. 244.

194 Vida 7,3; Leben S. 74.

195 Klosterstiftungen S. 367.

196 Seelenburg S. 321.

197 Klosterstiftungen S. 399f.

198 Vida 36,7; Leben S. 360.

199 Camino 29,1f; Weg S. 148.

200 Leben (1. Bericht) S. 432.

201 Carta Nr. 101, Absatz 6; Brief Nr. 97, I S. 246.

202 Vgl. Ildefonso Moriones, Das Teresianische Charisma, Rom 1973.

203 Klosterstiftungen (Vorrede) S. 15.

204 Ebd.

205 Vida 13,18; Leben S. 130.

206 Servitium Informativum Carmelitanum, 14. Jg. (1981), Nr. 2, S. 26.

207 Carta 143,13; Brief Nr. 135, I S. 380.

208 Carta 156,10; Brief Nr. 152, I S. 426.

209 Carta 349; Brief Nr. 280, II S. 144.

210 Carta 145,1.3.7; Brief Nr. 137, I S. 384.

211 Carta 403,6; Brief Nr. 405, II S. 480.

212 Fundaciones 5,3; Klosterstiftungen S. 46.

213 Fundaciones 5,4; Klosterstiftungen S. 47.

214 Klosterstiftungen S. 369.

215 Klosterstiftungen S. 368.

216 Klosterstiftungen S. 387f.

217 Camino 36,5f; Weg S. 187.

218 Camino 32,13; Weg S. 170.

219 Ebd.

220 Karl Rahner, Erwägungen eines Theologen, S. 32f.

221 Ernst Schering, Mystik und Tat. Therese von Jesu - Johannes vom Kreuz und die Selbstbehauptung der Mystik, München-Basel 1959, S. 306.

222 Karl Deuringer, Teresa von Avila - Kirchenlehrerin, in: Der Fels, Nr. 11, November 1970, S. 334.

223 P. Tommaso della Croce OCD, Santa Teresa e i movimenti spirituali del suo tempo. Sonderdruck aus: Santa Teresa maestra di orazione, Rom 1963, S. 15ff.

224 Vida 40,8; Leben S. 415.

225 P. Tommaso della Croce OCD, a.a.O.

226 Papst Paul VI., Homilie am 27. 9. 1970, in: Teresa de Jesús. Eine Frau als Kirchenlehrer, S. 5f.

227 „Die Frauen sollen in den Versammlungen schweigen."

228 Karl Rahner, Erwägungen eines Theologen, S. 32.

229 Philip Zuazúa, Theresia von Avila - Kirchenlehrerin. Die Aufwertung der Frau in der Kirche, in: Die Furche, Nr. 39, 26. 9. 1970, S. 10. - Vgl. Pietro Barbagli, El pensamiento de S. Pablo sobre la mujer cristiana en la Iglesia, in: Revista de Espiritualidad, Madrid, Juli/Dezember 1970, S. 331ff.

230 Philipp Zuazúa, a.a.O.

231 Cuentas de Conciencia, Nr. 16; Leben (Gunstbezeigungen Gottes Nr. 13), S. 475.

232 Camino de Perfección, Escorial-Handschrift, 4,1, Anm. 1, S. 205; P. Tommaso della Croce OCD, a.a.O., S. 38f.

233 Philip Zuazúa, a.a.O.

234 Karl Deuringer, Teresa von Avila - Kirchenlehrerin, S. 335f.

235 Brief an P. Ambrosio Mariano v. 21. 10. 1576; Carta 130,7; Brief Nr. 125, I S. 344.

236 Brief an P. J. B. Rubeo, Januar 1576; Carta 98,6; Brief Nr. 95, I S. 237.

237 Wege zum inneren Gebet. Texte von Teresa von Avila, ausgew. und übertr. von Irene Behn, Einsiedeln-Zürich-Köln 1968, S. 48.

238 José Maria Poveda Ariño, „Enfermedades" y Misticismo en Santa Teresa in: Revista de Espiritualidad, April/Dez. 1963, S. 251.

239 G. Papásogli, Teresa von Avila, Paderborn 1959, S. 304.

240 Ana de San Bartolomé,
    Autobiografía, Madrid
    1969, S. 69.
241 Ernst Schering, Mystik und
    Tat, S. 323.
242 Vgl. Peter Lippert, Ordens-
    gemeinschaften - Zeugen
    des Lebens in der Kirche
    Christi, in: Ordenskorre-
    spondenz, 3/1982, S. 284ff.
243 Brief Nr. 21, I S. 72.
244 Brief Nr. 289, II S. 170.
    Siehe Tomas Alvarez - Fer-
    nando Domingo, Teresa
    von Avila. Weg und Bot-
    schaft, Burgos 1981, S. 5.
245 Joseph Comblin, Humanität
    und Befreiung der Unter-
    drückten, in: Concilium,
    18. Jg., 1982, H. 5, S. 18.
246 Friedrich Wulf, Die kon-
    templativen Orden in Kirche
    und Gesellschaft heute, in:
    K. Kurzhals - E. Boßler
    (Hrsg.), Teresa von Avila
    1582-1982. Ausstellung
    zum 400. Todesjahr, Mün-
    chen 1982, S. 18.
247 Edith Stein, Selbstbildnis in
    Briefen, 1. Teil (Gesammel-
    te Werke Bd. 8), Freiburg
    1976, S. 161.
248 Friedrich Wulf, Die kon-
    templativen Orden, S. 18.
249 Robert Spaemann, Was ist
    das Neue? Vom Ende des
    modernen Bewußtseins, in:
    Die politische Meinung,
    Juli-August 1982, S. 16.
250 Elisabeth Ott, Die dunkle
    Nacht der Seele, Depressi-
    on? Untersuchungen zur
    geistlichen Dimension der
    Schwermut, Selbstverlag,
    S. 139.
251 A.a.O., S. 18.
252 Josef Höffner, Gott - wo
    finde ich dich? Hrsg. von
    Waltraud Herbstrith, Frank-
    furt 1977, S. 136.
253 Hans Waldenfels, „Gott als
    Wohnung". Überlegungen
    zur Lebensmitte der Teresa
    von Jesus und zum Weg-
    angebot Asiens, in: Gott
    allein, S. 271.
254 Ebd.
255 Sekretariat der Deutschen
    Bischofskonferenz. Doku-
    mentation, 18. 8. 1978.
256 Sr. Anna Maria Strehle,
    Jeder soll in seiner Zelle
    bleiben, in: Christ in der
    Gegenwart, 19. 7. 1981.

Literatur

Werke Teresas

Obras Completas de Santa Teresa de Jesús, hrsg. von Efrén de la Madre de Dios OCD und Otger Steggink OCarm., BAC, 6. Aufl., Madrid 1979

Faksimile-Ausgabe der Erstausgabe der Werke der hl. Teresa (Salamanca 1588), Collección Tesoro, Biblioteca Nueva, Madrid 1935

Sämtliche Werke der hl. Theresia von Jesu, übertragen von Aloysius Alkofer OCD, 6 Bände, München 1931-1941 (mehrere Auflagen in den folgenden Jahren)

Teresa von Avila, Die innere Burg, hrsg. u. übers. von Fritz Vogelgsang, Stuttgart 1966; Zürich 1979 (Diogenes-TB 20643)

Teresa von Avila, Weg der Vollkommenheit, hrsg. vom Karmel Hauenstein, Leutesdorf 1992

Ausgewählte Texte

Waltraud Herbstrith, Vor Gottes Angesicht. Beten mit Teresa von Avila, München 1981.

Erich Przywara, Hymnen des Karmel: Teresa von Jesus — Johannes vom Kreuz — Theresia vom Kinde Jesus, Zürich 1962

Teresa von Avila, Die Botschaft vom Gebet. Weg zur christlichen Vollkommenheit, hrsg. u. aus d. Span. übersetzt von Reinhard Körner, 2. Aufl., Leipzig 1992

Teresa von Avila, Freundschaft mit Gott, hrsg., übers. u. eingel. von Ulrich Dobhan (Texte christlicher Mystiker), 2. Aufl., München 1990

Teresa von Avila, Gotteserfahrung und Weg in die Welt, hrsg., eingel. u. übers. von Ulrich Dobhan, 4. Aufl., Olten 1987

Teresa von Avila, Ich bin ein Weib und obendrein kein gutes. Ein Porträt der Heiligen in ihren Texten, ausgew., übers. u. eingel. von Erika Lorenz (Herder-TB 920), 7. Aufl., Freiburg 1990

Teresa von Avila, Unaufhörlich will ich dein Erbarmen preisen, ausgew. von Marianne Ligendza, Kevelaer 1988

Teresa von Avila, Verweilen bei einem Freund. Gebete, hrsg. von Ulrich Dobhan, München 1989

Teresa von Avila, Wege zum Gebet. Eine Textauswahl, ausgew. u. übers. von Irene Behn (Klassiker der Meditation), 4. Aufl., Zürich 1985

Gott zwischen den Kochtöpfen. Teresa von Avila, hrsg. von Anneliese Schwarzer, Wuppertal 1992

Biographien

Marcelle Auclair, Teresa von Avila, Zürich 1953

G. Papásogli, Teresa von Avila, Paderborn 1959

Josef Theeuwes, Abenteurerin Gottes − Teresa von Avila (Kreuzring-Bücherei Bd. 38), Trier 1965

Edith Stein, Teresa von Avila, Konstanz 1958, jetzt in: Edith Stein, Wege zur inneren Stille, 2. authentische Ausgabe, hrsg. von Waltraud Herbstrith, Aschaffenburg 1987, S. 121ff.

Hildegard Waach, Teresa von Avila, Wien 1949

Weitere Literatur

Tomas Alvarez − Fernando Domingo, Teresa von Avila − Weg und Botschaft, Burgos 1981

Irene Behn, Spanische Mystik, Düsseldorf 1957

Titus Brandsma, Das Erbe des Propheten. Geist und Mystik des Karmel, Köln 1958

Christliche Innerlichkeit. Zweimonatsschrift für Gebet und gelebtes Christentum im deutschen Sprachraum, hrsg. von den Unbeschuhten Karmeliten, Wien

Conquista und Evangelisation. 500 Jahre Orden in Lateinamerika, Mainz 1992

A. Deckert − O. Merl (Hrsg.), Karmel. Gesetz und Geheimnis, Köln 1959.

Ulrich Dobhan, Gott − Mensch − Welt in der Sicht Teresas von Avila (Europäische Hochschulschriften), Frankfurt 1978

Ulrich Dobhan, Die Spiritualität des Karmel, Leutesdorf 1990

Ulrich Dobhan − Reinhard Körner, Johannes vom Kreuz. Die Biographie, Freiburg 1992

Ulrich Dobhan − Veronika Elisabeth Schmitt, Karmel in Deutschland. Information − Reflexion. Teresa von Avila − 400. Todestag, München 1981

Efrén de la Madre de Dios y Otger Steggink, Santa Teresa y su Tiempo, I. Teresa de Ahumada; II. Teresa de Jesús, Salamanca 1982-1984

Hugo M. Enomiya-Lassalle, Meditation als Weg zur Gotteserfahrung, 2. Aufl., Mainz 1986

Waltraud Herbstrith, Teresa von Avila. Die erste Kirchenlehrerin, 4. Aufl., München 1981

Waltraud Herbstrith, Von Gott beschenkt − Ursprünge geistlichen Lebens, Freiburg 1984

Waltraud Herbstrith, Teresa von Avila − Gotteserfahrung in den Zeichen der Zeit (Theol.-prakt. Quartalschrift, Linz, Heft 2), 1991

Waltraud Herbstrith, Bei Gott zu Hause sein, Leutesdorf 1992

Waltraud Herbstrith, Wo das Schweigen beginnt. Meditationen zu Texten von Johannes vom Kreuz (Topos-TB 221), Mainz 1992

Waltraud Herbstrith, Verweilen vor Gott. Mit Teresa von Avila, Johannes vom Kreuz und Edith Stein (Topos-TB 232), Mainz 1993

Waltraud Herbstrith (Hrsg.), Gott allein − Teresa von Avila heute, Freiburg 1982

Waltraud Herbstrith (Hrsg.), Teresa von Avila — Martin Luther. Große Gestalten kirchlicher Reform, München 1983

Maximiliano Herraiz-García, Beten mit der hl. Teresa, Freiburg 1987

Eberhard Horst, Die spanische Trilogie. Isabella — Johanna — Teresa, Düsseldorf 1989

Johanna Jantsch — Christel Butterweck, Die Regel des Karmel, Aschaffenburg 1986

Josef Kotschner (Hrsg.), Der Weg zum Quell. Teresa von Avila 1582-1982, Düsseldorf 1982

Camillus Lapauw, Teresa von Avila. Wege nach innen, Innsbruck 1981

Louis Lavelle, Begegnung mit Heiligen, Mainz 1957.

Erika Lorenz, Nicht alle Nonnen dürfen das. Teresa von Avila und Pater Gracián — die Geschichte einer großen Begegnung (Herder-TB 1090), Freiburg 1983

Erika Lorenz, Das Vaterunser der Teresa von Avila. Anleitung zur Kontemplation, 4. Aufl., Freiburg 1990

Camilo Maccise, La Espiritualidad de la Nueva Evangelización, Mexiko 1990

Camilo Maccise, Perspectivas Latinoamericanas de San Juan de la Cruz, Mexiko 1991

Ildefonso Moriones, Das Teresianische Charisma. Eine Studie über die Ursprünge, Rom 1973

Ichiró Okumura, Erwachen zu Gott. Stimme aus dem Karmel in Japan, 2. Aufl., München 1981

Karl Rahner SJ, Erwägungen eines Theologen, in: Teresa de Jesús — eine Frau als Kirchenlehrer, Festschrift der Zeitschrift: Christliche Innerlichkeit, Wien, 6. Jahrg., 1970/71, Heft 2/3

von Sackville-West, Adler und Taube, Hamburg 1947

Bischof Paul-Werner Scheele, Diese Frau hat alles gegeben, Würzburg 1983

Ernst Schering, Mystik und Tat. Therese von Jesu, Johannes vom Kreuz und die Selbstbehauptung der Mystik, München-Basel 1959

Veronika Elisabeth Schmitt, Gebet als Lebensprozeß. Teresa von Avila — Edith Stein, München 1982

Reinhold Schneider, Theresia von Spanien, Repr. 2. erg. Aufl., München 1982

Joachim Smet — Ulrich Dobhan, Die Karmeliten, Freiburg 1981

Otger Steggink, Erfahrung und Realismus bei Teresa von Avila und Johannes vom Kreuz, Düsseldorf 1976

Edith Stein, Die Seelenburg, in: Welt und Person (Werke Bd. VI), Louvain-Freiburg 1962, S. 39ff.

André Stoll (Hrsg.), Teresa von Avila — Von der Liebe Gottes, Frankfurt a. M. 1984

Josef Sudbrack, Erfahrung einer Liebe. Teresa von Avilas Mystik als Begegnung mit Gott, Freiburg 1979

Teresa de Jesús — eine Frau als Kirchenlehrer. Festschrift der Zeitschrift: Christliche Innerlichkeit, Wien, 6. Jahrg., 1970/71, Heft 2/3

Klemens Tilmann, Die Führung zur Meditation, Zürich 1971

Bibliographische Notiz:
Das vorliegende Buch greift in Teilen zurück auf eine — inzwischen vergriffene — frühere Veröffentlichung der Autorin:
Waltraud Herbstrith, Teresa von Avila. Die erste Kirchenlehrerin, 4. Auflage, München 1981.

Inhalt